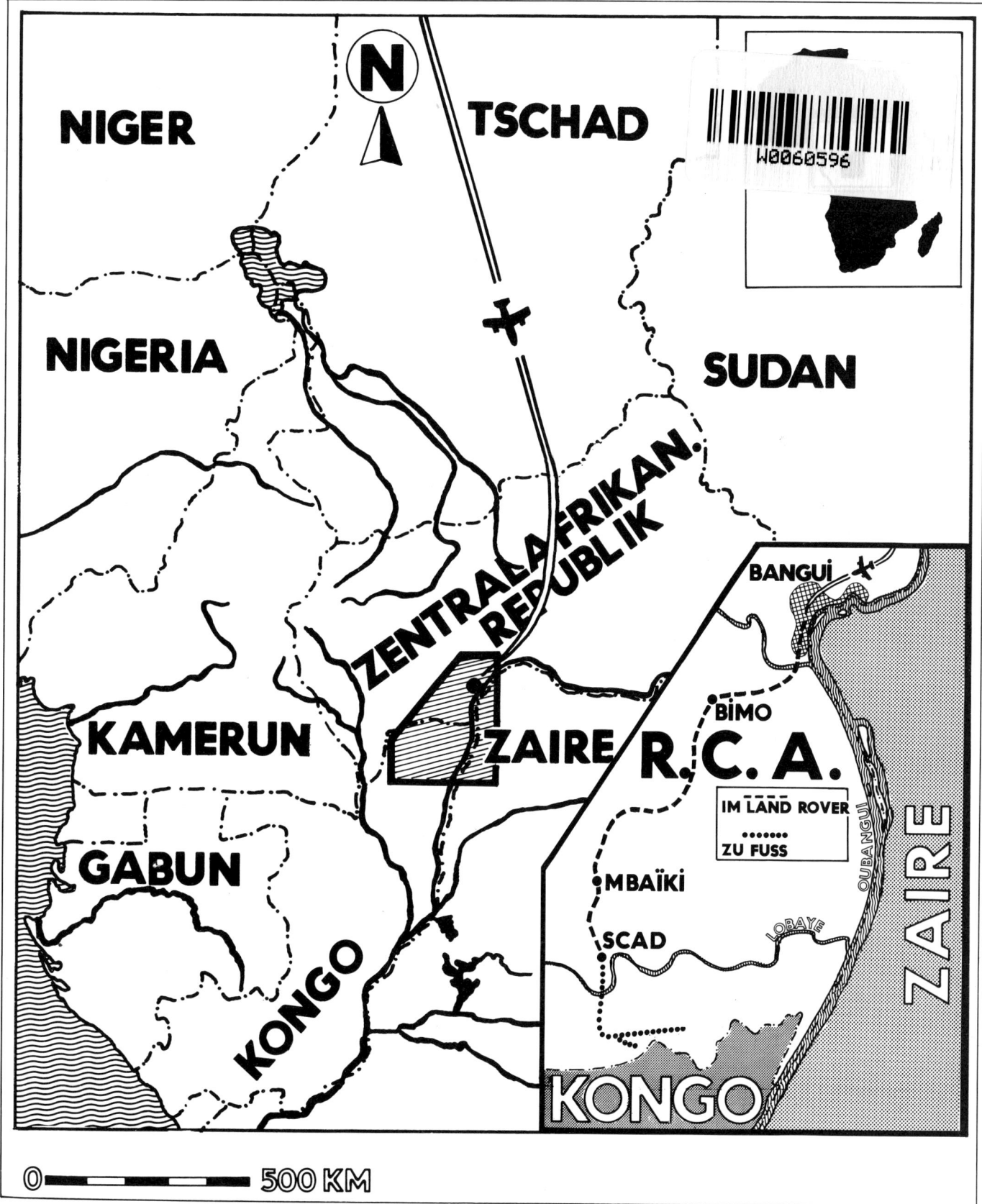

NIGER

TSCHAD

N

NIGERIA

SUDAN

ZENTRALAFRIKAN. REPUBLIK

KAMERUN

ZAIRE

R.C.A.

GABUN

KONGO

BANGUI

BIMO

IM LAND ROVER
ZU FUSS

MBAÏKI

SCAD

OUBANGUI

LOBAYE

ZAIRE

KONGO

0   500 KM

UHL · IM DSCHUNGEL

WOLFGANG UHL

IM DSCHUNGEL

*Mit Rucksack und Land Rover
durch den Urwald Zentralafrikas*

PIETSCH VERLAG STUTTGART

Einbandgestaltung: Siegfried Horn
                       nach Vorlagen von Wolfgang Uhl und Manfred Möckel

Bild- und Fotonachweis: Wolfgang Uhl, Wolfram Bartholomé, Peter Bernotat und Ralf Meyer
                       Karte auf Vorsatz: Manfred Möckel

Für Wolfram und Christine

ISBN 3-613-50056-6

1. Auflage 1987.
Satz und Druck: ARA-Druck, 7000 Stuttgart 80.
Bindung: Franz Spiegel Buch GmbH, 7900 Ulm/Jungingen
Printed in Germany

INHALT

SCHATZSUCHER AUF LEBENSZEIT

Einmal möchte ich verweilen können:
Keinen Wunsch mehr,
nicht mehr suchen,
nicht mehr das Gefühl,
noch etwas finden zu müssen.

Vieles habe ich gefunden,
aber nie sind meine
Schatzkammern so gefüllt,
daß ich sie abschließen
und fortfliegen kann.

Dabei habe ich
den Flug
ins Wunschlose
schon so lange
gebucht.

Doch meine Schätze
zerinnen mir zwischen den Fingern.
Und ich muß weitersuchen,
denn der Versuch,
Vorratskammern mit guten Gefühlen
anzulegen,
ist auch gescheitert.

Kristiane Allert-Wybranietz

Blick vom Urwald in den Himmel

7

VORWORT

Dieses Buch besteht aus zwei Teilen:
Der Planung, Organisation und Vorbereitung und der Durchführung des Unternehmens, bei dem eigentlich »alles ganz anders war.«
Viele unbekannte Faktoren, nicht vorhersehbare Risiken, Zufälle und Überraschungen, die man zuhause am Schreibtisch nicht weiß, mit denen man unterwegs konfrontiert wird, bestimmten den Touren-Verlauf.
Bis man dann vor eine Entscheidung gestellt wird:
Umkehren oder weitermachen?
Dieses Buch ist in erster Linie ein Dankeschön für meinen Freund Wolfram, in zweiter Hinsicht ein Erfahrungsbericht für Traveller und Reiselustige.
Er soll zeigen, daß in den wenigsten Fällen alles nach Plan läuft, daß man sich schnell verkalkulieren kann. Und es soll eine Hilfe für all diejenigen darstellen, die Touren oder Expeditionen nach Zentralafrika planen und ihnen eine kleine Unterstützung sein.
Wer hat sich nicht oft »alles ganz anders« vorgestellt, war unterwegs oft schockiert, aber auch von schönen Begebenheiten freudig überrascht?
»Im Dschungel« gibt meine Erlebnisse und die meiner Reisepartner wieder, ist somit wie jeder Erlebnisbericht zwangsweise subjektiv, obwohl ich so gut wie möglich die Objektivität als Grundlage wählte.
Die Beschreibung einer Tour in den tropischen Regenwald, der gemeinhin als »Urwald« bezeichnet wird und bei der Überraschungen an der Tagesordnung waren.

Hof, im April 1986

8

VERGEBLICHER VORSTOSS (Auszug)

Ralf wischt sich den Schweiß mit seinem Halstuch von der Stirn, von der Nase, vom Hals. Ein sinnloses Unterfangen, aber man macht es fast automatisch. Der Mund trocknet aus, die Lippen kleben zusammen –
man trottet mit seinem Rucksack vorwärts.
Die schwarzen Fliegen kommen wieder.
Sie sind nur ein, zwei Millimeter groß und langsam, sitzen sie erst einmal auf unseren Armen oder im Gesicht.
Man braucht sie nicht zu erschlagen, man wischt das kleine Leben einfach aus.
Aber sie stechen, sie jucken, sie tyrannisieren.
Wie oft sind wir ein Vielfaches mit einem halben Zentner Gepäck gelaufen, sind in der Sonne, bei eisiger Kälte oder in großen Höhen marschiert?
Nun aber sind wir fertig.
»Mir reichts!« stößt Peter zwischen den Zähnen hervor, geht etwas zur Seite zum spärlichen Schatten, wirft seinen Rucksack ab und läßt sich auf den Boden fallen.
Treibhaus-Klima.
Uns umgibt eine feuchte, schwüle Hitze, die Sonne knallt vom Himmel.
Rechts und links des Weges ist dichter, undurchdringlicher Urwald.
Eine grüne Wand aus Bäumen, Lianen und Ranken.
Kaum sitzen wir, fallen die nervenden schwarzen Fliegen über uns her. Für eine Zerquetschte taucht ein Dutzend Ersatz auf.
Trotz der Hitze rolle ich meine schweißnassen Hemdsärmel nach unten. Peter wickelt sich ein großes Halstuch um den Kopf. Ralf schließt auch seinen letzten Hemdknopf.
Es hilft alles nichts, wir werden ununterbrochen attakiert. Auch wenn wir es uns offiziell nicht eingestehen möchten: Wir sind geschafft.
Sicher – wir könnten weitermarschieren, aber wie lange noch? In unserem Kanister befindet sich vielleicht noch ein Liter warmes, abgestandenes Wasser und wo die nächste Nachfüllmöglichkeit sein wird, wissen wir nicht…

»Für eine Handvoll Schatten...«

1

Vorbereitung

WIE ALLES ANFING

Schon 1982, kaum von der Winter-Besteigung des Ganja La im Himalaya zurück, reizte mich der Urwald. Auf dem Rückmarsch im Himalaya durchquerten wir große Teile des nepalesischen Berg-Dschungels. Der ist zwar mit dem tropischen Regenwald in Afrika oder Südamerika wenig zu vergleichen, vermittelt aber durch seine gewaltigen Rhododendronbäume, Lianen und Baumbärte einen guten Eindruck eines seit Jahrtausenden unveränderten Urwaldes.

Wieder zu Hause, ging ich an die grobe Planung einer Urwald-Tour in Übersee. Geld- und Zeitmangel allerdings ließen das Vorhaben bereits in den Anfängen scheitern.

Ich legte meine dürftigen Unterlagen nach dem Motto »aufgehoben ist nicht aufgeschoben« einstweilen beiseite und konzentrierte mich dann ein Jahr später auf eine Wildwasser-Expedition in Vorderasien (s. mein Buch *Schlauchboot extrem,* erschienen im gleichen Verlag).

Nach erfolgreichem Abschluß dieser Expedition ging ich an die Arbeiten einer Survival-Satire, war also zeitlich voll ausgebucht, zumal die letzte Tour wieder ein großes Loch in meine Finanzen gerissen hatte.

Im Herbst 1985 dann plante ich mit meiner Freundin eine Tour, die uns ursprünglich über die Anden in den Urwald Südamerikas führen sollte.

Die Kosten aber waren einfach zu hoch – da fiel mir mein damaliges Vorhaben ein, bei dem ich mit den Urwäldern Zentralafrikas liebäugelte.

Zudem sollten in diesen riesigen Regenwäldern die vom Aussterben bedrohten Pygmäen, Zwergvölker des Dschungels, leben. Man könnte also einen Marsch in den Urwald mit der Suche nach dem zwergwüchsigen Volk verbinden, dachte ich, und je mehr ich mich mit der Sache beschäftigte, desto größere Chancen rechnete ich mir für ein derartiges Unternehmen aus.

12

FASZINATION URWALD

Über kein Gebiet der Erde wurden soviele Legenden verbreitet, Abhandlungen, Mutmaßungen und Romane verfaßt wie über den Urwald.

Was verbirgt sich unter dem großen, alles verbergenden Blätterdach?

Riesige Insekten, Spinnen und Tausendfüßler soll es geben, die größten Pflanzen der Erde haben sich als Lebensraum den Urwald auserkoren; unbekannte Eingeborene und unerforschte Gebiete sollen in den Regenwäldern der Erde vorhanden sein.

Ein voller Leben strotzendes, gleichzeitig aber auch lebensfeindliches Gebiet.

Das ständige Dämmerlicht veranlaßt die Pflanzen, nach oben zu streben; ein fortwährender Kampf ums Dasein, der von Fauna und Flora gleichermaßen geführt wird.

Was ist die Wahrheit, was setzt sich aus Legenden und Übertreibungen zusammen?

Ich beschäftigte mich intensiv mit dem Aufbau des tropischen Regenwaldes, mit seiner Struktur, seiner Tier- und Pflanzenwelt; den klimatischen Bedingungen, Temperaturen und Niederschlägen.

Die größten Urwälder gibt es in Südamerika, Afrika und Asien, danach folgen Mittelamerika und Australien.

Urwald ist nicht gleich Urwald.

So gibt es in der subalpinen Zone der Ruwenzori-Berge an der Grenze zwischen Zaire und Uganda einen relativ lichten Urwald mit riesigen Pflanzen. Der Nebelwald in Nepal beispielsweise kommt zustande, indem in Höhen über 1800 Metern ständig die Feuchtigkeit der Luft kondensiert und somit einen fortwährenden Nebel bildet.

Deshalb sind viele Bäume mit Moosen, Flechten und Farnen bedeckt. Tiere und Pflanzen, die es in Südamerika oder Asien gibt, kommen in den Regenwäldern Afrikas oft gar nicht vor, umgekehrt gibt es hier Arten, die wieder in Mittel- oder Südamerika völlig unbekannt sind.

Kein Urwald ist gleich – im Gegenteil, Aufbau und Struktur haben sich nach den klimatischen Bedingungen entwickelt.

Die beherrschenden Klimafaktoren in den Wäldern der Tropen sind heftige, über den größten Teil des Jahres verteilte Regenfälle und hohe, gleichbleibende Temperaturen.

Mit Niederschlägen, die in den Ebenen nahe am Äquator jährlich einen Durchschnitt von 4000 mm (!) erreichen, gehören die tropischen Regenwälder zu den feuchtesten Gebieten der Erde.

Dieser alles durchnässende Regen verteilt sich im schmalen Äquatorgürtel von 4 Grad nördlicher bis 4 Grad südlicher Breite über das ganze Jahr; dort ist der Wald auch am üppigsten. Ein Stück vom Äquatorgürtel entfernt gibt es gewöhnlich eine oder zwei Regenzeiten, die von Trockenperioden abgelöst werden, und die Höhe, Dichte und Vielfalt des Waldes nimmt zur Savanne hin ab.

Selbst in dieser Zone gedeihen aber entlang den Flüssen noch Streifen von üppigem Wald.

Im Dschungel drängt alle Vegetation zum Sonnenlicht. Dabei bildet sich eine Reihe unterschiedlicher Schichten heraus – jede eine kleine Lebenszone für sich, in der bestimmte Tiere existieren und ihre Nahrung finden.

Im voll entwickelten Tropenwald sind gewöhnlich fünf solcher Schichten vorhanden.

Die höchste Vegetationsschicht wird von einzelnen Bäumen gebildet, die ein geschlossenes Blätterdach überragen. Dieses Dach – die nächste Schicht – besteht aus den Kronen hoher Bäume. Unter diesem Baldachin folgt die dritte, mittlere Schicht aus kleinen Bäumen, deren Kronen sich nicht berühren. Die vierte Schicht setzt sich aus holzigen und krautigen Büschen zusammen.

Schließlich gibt es eine Bodenschicht von Kräutern und Baumsämlingen; sie bekommt nur wenig Licht.

Das Kronendach des Regenwaldes erreicht im Durchschnitt eine Höhe von 36 Metern, die Strauchschicht 2 bis 5 Meter und die Krautschicht etwa eine halben Meter.

Es gibt drei Hauptregionen tropischer Wälder: Die ausgedehnteste erstreckt sich von Südmexiko bis nach Südbrasilien; danach folgt der Urwald West- und Zentralafrikas; am höchsten und artenreichsten ist der indomalaiische Wald, der sich von Südindien und Ceylon durch Südostasien bis nach Queensland hinzieht. Trotz ihrer grundsätzlichen Ähnlichkeit stellen diese drei Regionen getrennte Entwicklungsgebiete dar.

Sie haben nur wenige Arten wildwachsender Pflanzen gemeinsam. Nahe am Äquator sind die jahreszeitlichen Temperaturschwankungen weniger deutlich ausgeprägt als weiter nördlich oder südlich. Die Temperatur hängt hier mehr von der Höhe ab, und die Durchschnittstemperaturen sind gewöhnlich sehr hoch.

Im Tiefland des Äquatorgürtels beträgt zum Beispiel die mittlere Jahrestemperatur etwa 25 Grad. Die täglichen Temperaturunterschiede sind gering, da der Himmel tagsüber gewöhnlich bewölkt ist und nachts der Wasserdampf in der Luft einen Wärmeverlust durch Ausstrahlung verhindert. Dies alles macht den Dschungel zu einem idealen Lebensraum für kaltblütige Tiere, die von der Temperatur ihrer Umgebung abhängig sind.

Auch die hohe Feuchtigkeit ist von Bedeutung. Da die Verdunstung in feuchter Luft geringer ist als in trockener, eignet sich die feuchte Urwaldatmosphäre gut für zahlreiche kleine wirbellose Tiere, deren Haut keinen Verdunstungsschutz aufweist.

Während Bäume also in diesem Klima gedeihen, ist der Waldboden für Ackerbau nicht fruchtbar, denn der Humus wird hier schneller zersetzt, und die schweren Regenfälle waschen die Mineralien und organischen Salze aus, die für Pflanzen notwendig sind.

Eine seit Jahrmillionen unveränderte Landschaft, frei von den Einflüssen der Zivilisation, ein blühendes, wachsendes wucherndes Gebiet?

Aber auch hier kommt langsam der Fortschritt, die Zivilisation. Millionen Hektar Urwald werden abgeholzt, aus dem ehemals primären Regenwald entsteht in den Randzonen sekundärer Urwald; die zweite Generation, die die abgehauenen, verbrannten Gebiete langsam wieder erobert und schließlich alles wieder überwuchert.

Millionen von Devisen wurden in die Erschließung der riesigen Regenwälder investiert, aber nur dort, wo Bodenschätze und Edelhölzer, Kautschuk und somit Reichtum zu erhoffen war.

Noch existiert er, der grüne Lebensraum für Pflanzen und Tiere – und da wollte ich hin. In den tropischen Regenwald Afrikas.

WOHIN?

Zunächst mußte ich mir darüber klar werden, in welchem Gebiet das Unternehmen stattfinden sollte. Im Süden der Zentralafrikanischen Republik, im Norden des Kongos oder im Südosten Kameruns?

Auch Zaire zog ich in die engere Auswahl.

Von früheren Afrika-Reisen hatte ich die großen bewährten Michelin-Karten, die zwar im Maßstab eins zu vier Millionen gehalten waren, aufgrund ihrer Exaktheit aber trotzdem einen guten Überblick boten.

Zumindest im groben waren sie bei der Planung sehr nützlich. Drei verschiedene Ausgangspunkte hatte ich mir gesteckt: Brazzaville im Kongo, Bangui in der Zentralafrikanischen Republik und Yaoundé in Kamerun.

Naturstämme waren in der Michelin-Karte in allen drei Ländern verzeichnet, und auch in Zaire sollte es Pygmäenvölker geben.

In einem älteren Bericht des Magazins GEO fand ich schließlich den Bericht eines Belgiers, der als Reporter bereits Expeditionen zu verschiedenen Stämmen unternommen hatte. Aber schließlich konnte ich nicht davon ausgeben, daß wir ganz selbstverständlich auf umherschweifende Pygmäen stoßen, sondern in erster Linie war es ja der Urwald, der mich interessierte.

Meine Informationen darüber allerdings waren spärlich und nach langem Hin und Her entschied ich mich für zwei Länder – die Zentralafrikanische Republik und den Kongo. Die Hauptstadt der Republik lag für mein Vorhaben nahezu ideal, denn Bangui liegt direkt neben dem Ubangi, der auch den Grenzfluß zu Zaire bildet. Etwas südlicher grenzt die Volksrepublik Kongo an die Zentralafrikanische Republik. Ein Dreiländereck – ein äußerst günstiger Ausgangspunkt.

Die Anreise war klar: Mit dem Flugzeug von einem europäischen Flughafen direkt nach Bangui; in wenigen Stunden also war man am Ausgangspunkt der Expedition.

Nun zog ich Erkundigungen über die drei Nachbarstaaten ein, die politischen Verhältnisse, Fauna und Flora, Einwohner und Religion, Wirtschaft, Import und Export.

Ich wollte soviel wie möglich erfahren, um mir ein möglichst lückenloses Bild der einzelnen Staaten machen zu können.

Sind die Grenzen zu den Nachbarländern offen? Wie stehen die einzelnen Staaten zueinander, welche Volksgruppen üben die Macht auf Ämtern und Behörden aus, welche Dialekte werden gesprochen?

In Afrika kann sich von heute auf morgen vieles ändern, und was gestern noch Gültigkeit hatte, kann aufgrund politischer Neuerungen oder Ereignisse schon morgen passé sein.

Dieses Risiko bleibt immer bestehen, aber durch eine gründliche Vorinformation kann man sich in

Wald, wohin man sieht

14

solchen Fällen besser verhalten und kennt zumindest einen Teil der Materie.

Vor allem aber interessierten mich außer den schon genannten Punkten natürlich die landschaftlichen Gegebenheiten. So beträgt die Gesamtfläche der Zentralafrikanischen Republik etwa 623.000 Quadratkilometer, ist somit zweieinhalbmal so groß wie die Bundesrepublik Deutschland, hat laut Statistik zwei Einwohner pro Quadratkilometer; vom gesamten Straßennetz sind nur etwa 500 Kilometer geteert. Der Rest setzt sich aus Pisten, staubigen Wegen und Pfaden zusammen. Das riesige Zaire mit seiner Fläche von 2,3 Millionen Quadratkilometern verfügt ebenso wie seine Nachbarländer über Pisten und Straßen, von denen die Mehrzahl während der Regenzeit nicht befahrbar sind. Und auch der Kongo, mit seinen 342.000 Quadratkilometern der »kleinste« Staat in dieser Runde, entspricht mit seinen geteerten Straßen von 530 Kilometern nicht gerade europäischen Maßstäben.

Die Zentralafrikanische Republik liegt zwischen dem 4. und 9. Breitengrad und besitzt deshalb ein tropisches Klima. Man kann zwischen der Trockenzeit von November bis Mai, und der Regenzeit, die von Juni bis Oktober dauert, unterscheiden. Im Südwesten des Landes sind dagegen die Niederschläge über das ganze Jahr verteilt und es herrschen bei ausgeglichenen Temperaturen feuchttropische Witterungsbedingungen, die höchsten Temperaturen liegen bei 38 Grad.

In der Mitte der afrikanischen Tropenzone liegt Zaire. Vom 5. Grad nördlicher Breite bis hin zum 15. südlichen Breitengrad erstreckt sich die Republik.

Durch die Lage – nördlich und südlich des Äquators – sowie durch Savannenlandschaft und einige Hochplateaus besitzt Zaire sehr unterschiedliche Klimaverhältnisse. In den Urwaldgebieten entlang des Äquators fällt die Temperatur nie unter 20 Grad, die durchschnittliche Tagestemperatur beträgt 28 bis 32 Grad, die Luftfeuchtigkeit 90 bis 100 %. Durchweg tropisches Klima kennzeichnet ebenfalls den Kongo, die Luftfeuchtigkeit im Urwald beginnt ab 85 Prozent, die Temperatur veranschlagte ich mit 27 bis 35 Grad.

Während große Teile Zaires und der Zentralafrikanischen Republik von Grasland, Steppengebieten und Savannen geprägt sind, beginnen die riesigen Urwaldregionen Äquatorialafrikas, die zu den feuchtesten Gebieten der Erde gehören, erst südlich von Bangui.

Aus diesem Grunde hatte ich Bangui als Ausgangspunkt der Expedition gewählt, denn von Brazzaville aus die über eintausenddreihundert Kilometer per Schiff Richtung Norden zurückzulegen, erschien mit zu langwierig.

Von der Hauptstadt der Zentralafrikanischen Republik waren es dagegen nur noch höchstens 130 Kilometer bis zum Beginn des Dschungels. Von dort aus wollte ich dann nach Süden oder Südwesten vorstoßen.

Meine Reisepartner hatte ich mittlerweile ebenfalls gefunden: Ralf, der mit mir unsere Wildwasser-Expedition 1984 machte und Peter, einen alten Freund, der damals für unser Schlauchboot die Floßruder-Halterung konstruierte.

GELDSORGEN

Von Anfang an hatte ich vor, dieses Unternehmen so billig wie nur irgendwie möglich zu organisieren.

Das hieß: Billigste Anreise, billigster Aufenthalt, minimale Ausrüstung, Sponsoren in Bezug auf Verpflegung und sonstigem Material.

Die geplante Anreise war zwei Drittel billiger als jede andere Möglichkeit, nach Zentralafrika zu kommen. Der Aufenthalt in einer Stadt war klar: Billig-Absteige oder bei Einheimischen.

Nun kam die Ausrüstung: Vieles war vorhanden, einige Sachen mußten speziell für diese Tour angeschafft werden. Ich korrespondierte mit Ausrüstungsherstellern, mit Nahrungsmittelfirmen, Bergausrüstern und Messerfabrikanten, Schuhfabriken und Expeditions-Ausrüstern.

Einige Firmen sagten spontan ihre Bereitschaft zu, mich mit Ausrüstungs-Material zu unterstützen, andere wieder wollten den genauen Expeditions-Ablauf wissen, bevor sie sich zu Sachspenden bereiterklärten; die nächsten sagten sofort ab. Ich schrieb und telefonierte, rechnete aus, forderte an und tauschte um.

Der Erfolg war größer, als ich dachte.

So bekamen wir Bekleidung, Rucksäcke, Schlafsäcke und Zubehör, was mir natürlich auch half, den Kostenfaktor kleiner zu halten. Dehydrierte Expeditions-Nahrung wurde uns zur Verfügung gestellt; ein Messer-Hersteller bat um einen Test-Bericht seines neu auf den Markt gekommenen Titan-Messers, ein anderer stellte uns Safari-Stiefel zu Testzwecken zur Verfügung.

Um uns keinem Erfolgszwang aussetzen zu müssen und keiner Firma unter Vorspiegelung falscher Tatsachen Spenden zu entlocken, wies ich immer wieder darauf hin, daß ich in keinem Fall irgendeine Art von Erfolgsgarantie geben könne – bei solch einer Tour eine logische Sache.

So sehr uns das Material zugute kam, ganz von unseren Ausrüstungs-Kosten befreien konnte es uns nicht. Aber: Wir bewegten uns noch immer in der veranschlagten Summe. Ich zeigte meinen beiden Kameraden meine Kalkulation und die übereinstimmende Meinung war, daß man dies »gerade noch so eben« verkraften könne.

»Meinst Du, wir kommen mit der veranschlagten Summe aus?« fragte mich Ralf. »Ich denke schon«, gab ich zurück, »Du mußt natürlich den üblichen Risikofaktor hinzurechnen – die ganze Kalkulation basiert auf günstigen Verhältnissen. Ich übernehme momentan sämtliche Unkosten, zum Bei-

spiel Überweisungen, Flugbuchung, etcetera. Eben die Dinge, die sofort zu erledigen sind. Peter und Du zahlen dann Pauschalbeträge zurück, und ich halte sämtliche Ausgaben auf einer Liste fest. Im Notfall haben wir ja noch unser Expeditions-Konto.«

Das Expeditions-Konto bestand aus einem simplen Sparbuch, das Peter auf einer Privatbank angelegt hatte. Jeder zahlte einen festen Betrag ein; wurde ein Betrag benötigt, so hob Peter die entsprechende Summe ab.

Allerdings – da keiner von uns mit Reichtum gesegnet war, dauerte es nicht lange und das Sparbuch war geplündert. »Nichts geht mehr!« verkündete daher Peter, als ich ihn bat, mir schnellstens einen größeren Betrag zukommen zu lassen – schließlich hatte ich bisher sämtliche Ausgaben getragen. Nun waren Rechnungen zu begleichen und das Finanzamt kam – wie immer – zum unpassendsten Zeitpunkt.

»Ich brauche zumindest Deine Ausrüstungs- und Flugkosten,« meinte ich daher zu ihm. »Ralf hat erst am 16. Geld flüssig, da ist vorher nichs zu machen, also sieh zu, wie du das Geld auftreibst, ich sehe mich auch nach Reserven um.« Peter zog mit einem äußerst dramatischen Gesichtsausdruck los, um seine Konten und Sparbücher zu plündern. »Frag' mich bitte nicht, woher ich in fünf Wochen den Restbetrag nehmen soll, Wolfgang – ich weiß es nicht!« sagte er, als er mir eine vierstellige Summe hinblätterte. »Im übrigen bin ich restlos pleite«, setzte er hinzu. »Das trifft sich gut«, grinste ich ihn an, »Ralf rief gerade aus Frankfurt an, dem geht's ähnlich – und da wir ein gutes Team sind, schließe ich mich selbstverständlich der katastrophalen Finanzlage an!«

Es war zu diesem Zeitpunkt tatsächlich so, daß wir uns in einem finanziellen Engpaß befanden. Peter rechnete bereits aus, was er von seiner Habe alles veräußern könnte, und mir ging es ebenso. Und Ralf hatte – ganz treuer Kamerad – irgendeinen Betrag fest angelegt und versuchte nun verzweifelt, an das Geld zu kommen.

Einen Überblick über die Ausgaben hatte ich ständig, da ich Aufstellungen anfertigte, auf denen sämtliche Unkosten und Ausgaben peinlich genau notiert wurden – von Porto- und Telefonkosten, über Kopierauslagen und Reparaturarbeiten. Auch Ausrüstungsgegenstände, Kartenmaterial, Kleinkram und alles andere, was mit der Tour zusammenhing, wurde sauber aufgelistet.

Hierbei mußte ich natürlich Unterschiede ziehen. Bereits in persönlichem Besitz befindliche Dinge wurden allen kostenlos zur Verfügung gestellt (zum Beispiel meine komplette Fotoausrüstung, Wasserfilter, Zelt, usw.); neu angeschaffte Ausrüstung für den gemeinsamen Gebrauch wurde ebenso wie alle anderen zu teilenden Kosten durch drei dividiert, was natürlich auch Porto- und Telefonkosten für gespendete oder geliehene Ausrüstung betraf. In den mit Namen versehenen Spalten trug ich dagegen die von jedem selbst zu tragenden Kosten ein. So benötigte einer beispielsweise noch ein Hemd, der nächste eine neue Taschenlampe. Da ich wirklich jede Kleinigkeit eintrug, wuchsen die Journale schließlich auf 15 Seiten an. Eine ziemliche Arbeit, dafür aber wußte jeder Teilnehmer zu jeder Zeit, wie hoch seine Ausgaben oder die gemeinsame Belastung war, da wir alle über eine Kopie verfügten. Vier Wochen vor dem Start war ich mir sicher, daß wir unser Budget nicht überziehen würden (was sich später auch bewahrheitete).

»Vergiß nicht Deinen Bargeldbedarf während der Tour« sagte ich eines Abends zu Peter, als wir bei einem Bier in einem Hofer Lokal zusammensaßen. »Sei bloß still und erinnere mich nicht daran! Warum denkst Du, trage ich einen so gelösten Gesichtsausdruck mit mir herum ..?« gab dieser mit verkniffener Miene zurück. Aber wir waren uns sicher: Irgendwie werden wir es schaffen, und wenn wir alles Entbehrliche verkaufen müßten ...

PROBLEM VERPFLEGUNG

Im Prinzip stellten sich mir die gleichen Probleme, die man als Bergsteiger bei Klein-Expeditionen hat: das Gewicht, das Volumen und: der Preis.

Bei den im Urwald herrschenden klimatischen Bedingungen kann man in etwa 10 bis 15 Kilo als Traglast pro Person veranschlagen.

Mehr geht nicht.

Unterwegs muß man daher zwangsweise auf Nahrung aus der Natur zurückgreifen – will man etliche Wochen im Busch verbringen. Auch mit einer Schußwaffe wird man sich nicht gerade leicht tun in bezug auf fliegende oder laufende Nahrung.

Ich war mir darüber im Klaren, daß jedes Gramm Mehrgewicht zu zusätzlicher Belastung führte und war daher bestrebt, mit minimalem Nahrungsgewicht ein Maximum an Kalorien und verzehrfertiger Mahlzeit zu gewinnen.

Die Antwort auf meine Fragen: Klein verpackbar? sehr leicht? geringes Volumen? lautete daher klar: Dehydrierte Spezialnahrung.

Nun gibt es ja die verschiedensten Sorten und Gerichte auf diesem Sektor, angefangen von Milch- über Volleipulver, Püree, dehydrierte Steaks, getrocknetes Gemüse und Teigwaren bis hin zu kompletten Gerichten, wie Nasi Goreng oder Gulasch mit Nudeln.

Da wir aus Gewichtsgründen auf einen Kocher verzichten mußten, blieb uns nur ein Kochfeuer. Und wer die moderigen Hölzer, die saftigen Lianen und Wurzeln des Urwalds kennt, weiß, daß ein Entfachen der begehrten Wärme oft mit Problemen verbunden ist. Man kann unmöglich dreimal am Tage ein munteres Feuerchen entzünden, auf dem man dann die tollsten Gerichte kreiert. Das Kochgeschirr mußte ich ebenfalls so klein wie möglich halten und exakt auf drei Personen abstimmen: Zwei Aluminium-Töpfe und ein kleiner Wasserkessel – mehr braucht es nicht.

Wenn ich also zuerst einmal eine Teigmasse anrüh-

Diese »grüne Mauer« fotografierte ich
während des Marsches mit Wolfram im Fluß

Der Dschungel – undurchdringliches Dickicht
in den verschiedensten Grüntönen

19

ren müßte, das Ganze dann in einer Pfanne heraus-backen und vielleicht noch Fleisch braten und eine Soße erhitzen müßte, wäre das für dieses Unternehmen äußerst unrationell.

Ich kam zu dem Schluß, daß wir eine vollständige Mahlzeit benötigen, die nur noch mit kochendem oder heißem Wasser vermengt werden muß und nach einer kurzen Einziehzeit verzehrfertig ist. Und notfalls sollte das Ganze auch mit kaltem Wasser funktionieren und die schon genannten Bedingungen erfüllen. Also nicht gerade wenig, was ich von unserer Verpflegung erwartete, da die Nahrung auch noch gut schmecken sollte und verschiedene Gerichte enthalten müßten, wobei die einzelnen Packungen auf drei Personen zugeschnitten sein sollten. Ich setzte mich daher zunächst brieflich mit Herrn Dr. Rüngeler von der Firma Simpert Reiter in Verbindung, die mit ihren dehydrierten Nahrungsmitteln schon viele Expeditionen ausrüstete und ihre Produkte auch über Bergsport-Firmen vertreibt. Diese Gerichte werden im Handel meist für eine oder zwei Personen angeboten.

Ich schilderte also unser Vorhaben, die Bedingungen, die ich an die Nahrung stellte und hoffte, daß die Expedition für den Hersteller interessant genug wäre, uns mit Verpflegung auszustatten.

Tage später erhielt ich dann Erfahrungsberichte von einer Gasherbrum-Expedition des DAV im Himalaya und Stellungnahmen des Geographischen Instituts der Universität Göttingen von zahlreichen Expeditionen in Tibet und Nepal. Preise und Größenangaben der Portionierungen lagen ebenfalls bei und ich entdeckte freudestrahlend auch Packungen, die für drei Personen zugeschnitten waren.

Nun kamen die ersten Mustersendungen. Jede Mahlzeit war in einem Aluminium-Beutel verpackt, der mit einer auf der Packung angegebenen Menge erhitzten Wassers zubereitet werden mußte und nach einer kurzen Zeit verzehrfertig war.

Einige Tage lang ernährte ich mich aus silberfarbenen Beuteln, testete die Zubereitung und aß Notrationen, lebte von expeditionserprobter Spezialnahrung.

Freunde standen der ganze Sache anfangs recht skeptisch gegenüber, aber nach den ersten Probierhappen teilten sie meine Meinung – es schmeckte prima.

Lediglich über die Notration war man geteilter Ansicht, aber schließlich setzte ich mich mit dem Argument durch, daß es sich um eine kalorienbewußte »Not«-Nahrung handelte, nicht um ein Menue in einem Vier-Sterne-Restaurant. Was mich begeisterte, war die Tatsache, daß man aus der dehydrierten Nahrung eine verzehrfertige Mahlzeit bekam, die dem drei- bis vierfachen Packungsgewicht entsprach. Auch mit kaltem Wasser konnte man sich behelfen, also genau das, was ich suchte.

Die Beutel mit den einzelnen Gerichten waren so bemessen, daß man das komplette Essen daraus löffeln konnte, allerdings waren diese nicht vakuumverpackt.

Auf meine Anfrage hin, ob man bei der Fertigung die darin enthaltene Luft nicht herausziehen könne, teilte man mir mit, daß das kein Problem sei, und man sich nach meinen Wünschen richten könne. Es ließ sich nämlich mit vakuumverpackten Gerichten eine beträchtliche Menge Platz sparen, zudem hätte ich ein derartiges Entgegenkommen des Herstellers ehrlich gesagt nicht erwartet. Deshalb war ich sehr dankbar, als ich telefonisch mitgeteilt bekam, daß man uns eine entsprechende Menge kostenlos zur Verfügung stellen würde.

Nun rechnete ich aus: Reisedauer, geplanter Aufenthalt im Busch, zu verkraftendes Gesamtgewicht, Trockengewicht im Verhältnis zur fertigen Nahrung, Abwechslungsreichtum, Kalorien- und Eiweißbedarf.

Schließlich stand meine Kalkulation, und ich forderte die entsprechende Menge an.

Einige Wochen später sortierte ich einen Berg von

Alu-Beuteln, schleppte alles zu mir nach Hause und verteilte die Nahrung auf das Gepäck der einzelnen Expeditions-Mitglieder.

Ein Pharma-Konzern hatte mir mittlerweile ebenfalls die Unterstützung angeboten und da ich nicht unverschämt wirken wollte, kalkulierte ich entsprechende Mineral-Drinks, Konzentrate und Energieriegel äußerst knapp.

Offenbar existierte ein geistiger Draht zu den Verantwortlichen, denn ich bekam mehr, als angefordert.

Gerade hatte ich den kompletten Nahrungsbedarf aufgeteilt, stieg Rudi – unser Fast-Kameramann – aus, und ich konnte das Ganze wieder umstellen und mit finsterer Miene dividierte ich den Bedarf durch drei.

Es war natürlich nicht drin, dehydrierte Nahrung für den gesamten Touren-Verlauf mitzunehmen – aus Gewichtsgründen unmöglich – aber bei entsprechender Rationierung war es meiner Meinung nach möglich, sich lange Zeit damit zu ernähren. Und solange wir noch über Essen verfügten, wollten wir uns mit Einheimischen auf die Jagd nach Essbarem begeben und erlegte Beute als Dreingabe betrachten – so würden wir unsere Leichtgewichtsnahrung vielleicht auch noch für wirkliche Ernährungsnotfälle einsetzen können.

Außer der Expeditions-Nahrung nahmen wir lediglich etwas Magarine, Süßstoff, schwarzen Tee und Kaffee mit.

Und sollte wirklich einmal etwas übrigbleiben, hätte ich eine große leere Weithalsdose dabei, in der wir dann die Essensreste füllen konnten.

Der effektive Nutzen für Nahrung und zu unterhaltendem Feuer bestand darin, daß wir immer die gleiche Mahlzeit einnahmen, dasselbe Gericht zu dritt. Mit dem Rest kochenden Wassers konnte man dann auch gleichzeitig Tee oder Kaffee zubereiten, es zum Aufwasch benutzen oder – bei entsprechender Menge – Fleisch im Topf kochen. Ralf errechnete einmal bei mir das Gewicht unserer

Nahrung im verzehrfertigen Zustand: 60 Kilogramm, und das bei knapp 5000 Gramm zu tragendem Gewicht pro Person (Konzentrate und Aufbau-Drinks nicht mit gerechnet).

Ein weiterer Vorteil: Die gesamte Nahrung war portioniert, absolut wasserdicht verpackt, ein mühseliges Umpacken in Weithalsdosen war nicht mehr nötig.

Einige Wochen vor dem Start dann war die Zusammenstellung klar:

Nahrung und Getränke	Anzahl	Verpackung	Hersteller
Kraft-Müsli	9	Aluminium-Beutel,	Simpert Reiter GmbH
Kartoffeltopf	3	vakuumverpackt	dto.
Nasi Goreng	3	packt	dto.
Beef Stroganoff	3	dto.	dto.
Huhn in Curryrahm	3	dto.	dto.
Jägertopf	4	dto.	dto.
Nudelterrine	3	dto.	dto.
Hühner-Risotto	3	dto.	dto.
Sauce Bolognese mit Nudeln	3	dto.	dto.
Zigeunertopf	3	dto.	dto.
Frikadellen mit Rindfleisch	3	dto.	dto.
Zigeunerterrine mit Rindfleisch	3	dto.	dto.
Sauce Bolognese mit Rindfleisch	3	dto.	dto.
Hühnerragout mit Rindfleisch	3	dto.	dto.
Eiweißdrink Erdbeere	1	Dose	dto.
Eiweißdrink trop. Früchte	1	dto.	dto.
Eiweißdrink Haselnuß	1	dto.	dto.
Notration K 1000	3	Alu-Pack	dto.
Mineral Drink	1	Dose	Manan GmbH (Merck)
Mineral Tee	1	dto.	dto.
Mineralsalztabletten	3	Schachtel	dto.
Energie Konzentrat	1	Dose	dto.
Energie Riegel	3	Riegel	dto.
Eiweiß Aufbaukonzentrat	1	Dose	dto.

Eiweiß Aufbau-Drink			
Schoko	1	dto.	dto.
Eiweiß Aufbau-Müsli	1	Packung	dto.
Margarine	3	Tube	Bundeswehr
Süßstoff	3	Döschen	Schneekoppe
Schwarzer Tee	75	Beutel*	Großmarkt
Kaffee	1	Packung*	dto.

Für übriggebliebene Essensreste eine Weithalsdose,
Inhalt 1 Liter.
*verpackt in einer Weithalsdose mit Schraubverschluß.

WELCHE AUSRÜSTUNG?

Vor jeder Tour steht man vor der Qual der Wahl:
Was nehme ich mit, welchen Anforderungen muß
die Ausrüstung genügen?
Was darf's kosten, wie hoch ist das Gewicht?
Es dauerte wieder einige Wochen, dann hatte ich
sämtliche Unterlagen zusammen und konnte mich
entscheiden:

Hut

Unsere Hüte waren schweißaufnehmend und aus
einem schnelltrocknenden Baumwoll-/Polyester-
Gemisch. Eine mittelbreite, umlaufende Krempe
bot etwas Schutz bei Regen und schützte auch den
Nacken gegen Insekten von oben, wobei ich darauf
achtete, daß durch den Rucksack der Sitz nicht behindert wurde (bei zu breiten Krempen nämlich
stößt der Hut an den hochgepackten Rucksack,
und man kann ihn beim Marschieren auch gleich
wegpacken...)

Halstuch, Stirnband und Unterwäsche

waren aus reiner Baumwolle, um Feuchtigkeit und
Schweiß gut aufzunehmen, wobei ich mich bei
Halstuch und Unterhemden an Bundeswehr-Be-
kleidung hielt.

Hose

Die Hosen bestanden wieder aus Bw/Pol.-Ge-

misch, waren zusätzlich mit aufgesetzten ver-
schließbaren Taschen versehen und für Tropenge-
brauch ausgelegt.

Strümpfe

Wollstrümpfe und Strümpfe aus Mischgewebe zog
ich in die engere Auswahl und entschied mich
dann schließlich für je ein Paar Wollstrümpfe und
zwei Ersatzstrümpfe aus Mischgewebe.

Stiefel

Schwere Lederstiefel schieden aus Gewichtsgründen von vornehein aus, ebenso leichte, hohe Lei-
nenstiefel, da diese für einen Marsch zu wenig Halt
bieten, und man vor Bissen und Stichen im Fuß-
und Wadenbereich nicht ausreichend geschützt ist.
Aufgrund meiner Erfahrung mit einem hohen
Wildleder-Schnürstiefel rüsteten wir uns alle mit
diesem Modell aus. Schaftstiefel bieten in der Regel zu wenig guten Sitz im Wadenbereich und sind
zu schwer; mit Reißverschluß ausgestattetes
Schuhwerk ist ebenfalls ungeeignet, da man unterwegs keine Möglichkeit zur Reparatur hat, während man gerissene Schuhbänder zusammenkno-
ten, durch Stoffbänder, Lederschnüre oder Reepschnur ersetzen kann.

Jacke

Ich entschied mich für eine Jacke aus Baumwoll-/
Polyester-Gemisch, die zwei Schubtaschen und
vier aufgesetzte, mit Druckknöpfen verschließbare
Außentaschen aufweist.
Diese Jacke kann man auch als „Hemdersatz" anziehen und in die Hose stopfen und entfernt man
die Imprägnierung, so hat man auch in feuchten
Gegenden ein gutes Bekleidungsstück, das zudem
äußerst leicht ist.

Geldgürtel und Brustbeutel

Eine praktische Sache für den Geldtransport ist der
altbewährte Geldgürtel, der ideal zum relativ siche-

ren Transport und Unterbringung von Devisen ist. Tickets, Schecks und Dokumente fanden in einem Brustbeutel Platz.

Uhr

Für unsere Uhren hatten wir einen Testauftrag des Herstellers. Es handelte sich um kombinierte Digital-/Analog-Quarzuhren, wasserdicht, stoßfest und äußerst robust. Bis auf einen Defekt bei Peters Armband haben sich die Uhren extrem gut bewährt.

Messer

Jeder von uns hatte ein robustes Arbeitsmesser in einer stabilen Lederscheide, das sich fast universell für alle Arbeiten verwenden läßt.

Feldflasche

Ich habe die verschiedensten Typen ausprobiert, auf Gewicht, Robustheit und Einsatzmöglichkeiten hin durchgecheckt. Für unsere Zwecke war die Bundeswehr-Feldflasche fast ideal: Der aufgesetzte Trinkbecher kann auch mal zum Kochen verwendet werden, man kann mit ihm graben und ihn als Müsli-Napf benutzen. Ober- und Unterteil ergeben ohne Trinkflasche ein Behältnis für Köder oder sonstiges. Nachteilig dagegen ist das Gewicht; betrache ich mir aber einmal eine Plastikflasche, habe ich mit diesem Modell zweifelsohne mehr Möglichkeiten.

Taschenmesser

Hier kann ich zwei Typen empfehlen: Das Original(!)-BW-Taschenmesser oder ein Modell aus der Vielzahl der Schweizer Offiziersmesser, die beide eine stabile Verarbeitung aufweisen.

Ersatzbekleidung

Eine komplette Garnitur außer Jacke und Stiefel wurde wasserdicht (s. S. 46) verpackt, zusätzlich einem Paar Leinenschuhe, die wir bei extrem nassen

Gelände-, Fluß- und Sumpfdurchquerungen anziehen wollten. Für die Materialqualität galt das gleiche wie bei der »Bekleidung am Mann«.

Sonnenbrille

Jeder hatte eine gute Sonnenbrille in einem stoßfesten Etui bei sich.

Poncho

Die Auswahl eines wirklich geeigneten Ponchos schafft Probleme, was mir von Anfang an bewußt war. Entweder sind sie hundertprozentig wasserdicht, dann sind sie entweder zu schwer, da gummiert, oder aber sie sind imprägniert (z. B. silikonisiert), also wesentlich leichter, aber auch reißanfälliger. Oder sie taugen überhaupt nichts und sind beides: wasserdurchlässig und rißanfällig.

Irgendwo muß man bei Ponchos einen Kompromiß schließen. Für mich war es natürlich wichtig, einen möglichst stabilen, wasserdichten Poncho mit angebrachten Abspannlaschen zu haben, damit wir sie auch als regenfeste Plane beim Hängematten-Lager und im Notfall zum Bootsbau benutzen konnten. Gleichzeitig sollten Sie beim Marsch Träger und Rucksack vor Regen schützen, mußten also in jedem Falle eine vernünftige Größe aufweisen. Und noch etwas sollten sie haben: Eine landschaftsangepasste Farbe. Rot oder Blau mag gut für die Berge sein, für den Wald hingegen ist mir ein schlichtes Braun oder Grün lieber. Da ich schon vor Jahren vor diesem Problem stand, entschied ich mich für einen Poncho schwedischen Fabrikats, der nach meinen bisherigen Erfahrungen sehr leicht und klein verpackbar ist; trotz allem reißfest und mit angenähten Laschen versehen, womit auch dem Bau eines Urwald-Lagers nichts mehr im Wege steht.

Nähzeug

Nur einige Gramm wog mein Nähzeug für drei Personen. Einige Nadeln, etwas Garn, 5 Knöpfe,

Schließnadeln und fertig war das Mini-Näh-Kit. Mehr braucht man nicht und im Notfall hat man eben einige Knöpfe weniger, und Risse und Löcher in der Bekleidung »plante« ich gleich mit ein.

Rucksäcke

Für ein derartiges Unternehmen kommen meines Erachtens nur Qualitäts-Rucksäcke in Frage. Zum ersten, weil man über jede nur denkbare Tragehilfe oder -erleichterung bei hoher Luftfeuchtigkeit garantiert dankbar ist.

Zum zweiten, weil die Dinger wirklich geschliffen und durch Dreck und Wasser gezogen werden – was nützt mir ein Billig-Rucksack, der nach und nach ausreißt, dessen Tragegestell sich verbiegt oder bricht und vom Tragekomfort her einem Kohlensack nicht unähnlich ist?

Wir hatten alle entsprechend gute Rucksäcke zu Hause, freuten uns aber über die Bereitschaft einiger Firmen, Spitzen-Produkte für das Unternehmen zur Verfügung zu stellen.

Wichtig waren gute Imprägnierung des Packsacks, verschiedene Innenaufteilungen und/oder entsprechende Außentaschen, ausreichendes Volumen, leicht zu bedienende Verschlüsse und guter Tragekomfort, um die wichtigsten Punkte zu nennen.

Seesack

Pro Person beschaffte ich einen Bundeswehr-Seesack (Heer), in dem Verpflegung, Zelt und anderes Material zur Anreise – also in Bahn und Flugzeug – Platz finden sollten. Im Busch dann wollte ich die Seesäcke auf eingeborene Träger verteilen oder zur Aufbewahrung (sollten unsere Bemühungen dahingehend scheitern) in der Deutschen Botschaft in Bangui einlagern.

Der BW-Seesack ist der robusteste seiner Art, da können weder Imitate aus Fernost oder zivile Versionen aus der ČSSR mithalten, und sind sie noch so bunt ...

Hängematte

Nach vielem Hin und Her, nach katastrophalen Nächten und verzweifeltem Kopfschütteln trieb ich endlich 1984 eine wirklich gute Hängematte auf, die aus Mexiko stammte. Sie war wirklich groß geschnitten, so daß man nicht auf jede Bewegung achten mußte und sich vorkam wie ein Fisch in der Sardinenbüchse. Diese hatte ich bereits vor zwei Jahren durchgetestet und so konnte ich auch diesen Punkt abhaken.

Isoliermatte

Wir nahmen wie immer unsere altbewährten 15-Millimeter starken Isoliermatten mit, die wasserabstoßend sind und eine sehr gute Isolation aufweisen.

Zelt

Ich muß gestehen, daß ich mir nicht schlüssig war und meine gesammelten Informationen in bezug auf den Schlafplatz sich widersprachen. Kurz: Ich konnte mich nicht entscheiden, ob man nun der Hängematte oder dem Zelt den Vorzug geben sollte. Also entschloß ich mich, ein Zelt mitzunehmen und die Praxis würde schließlich zeigen, ob ein Hängematten-Lager dem Zelt vorzuziehen war.

Die Form war gar keine Frage: Kuppel-Konstruktion mit Baumwoll-Polyester-Innenzelt und zwei großen Apsiden, um das Gepäck mitunterbringen zu können. Ausreichend Platz für drei Personen sollte vorhanden sein, Wasserdichtheit und eine dementsprechende Verarbeitung der Behausung war Voraussetzung.

Schlafsack

Ganz klar, daß bei dieser Tour ein Daunenschlafsack aufgrund seiner hygroskopischen Eigenschaften ausschied. Möglichst verrottungsfeste Kunstfaser wollte ich haben, einen seitlichen Zwei-Wege-Reißverschluß, eine unauffällige Farbe (grün), Kaputzenschnürzug und ein Innenbezug aus Nylon –

Am Rande des Dschungels

Urwald hautnah

25

das zwar auf der nackten Haut nicht so angenehm wie Baumwolle ist, aber wesentlich weniger Feuchtigkeit aufnimmt. Die Wärmeleistung konnte getrost gering sein; auf kleines Packmaß und geringes Eigengewicht dagegen legte ich großen Wert.

Moskitonetz

Jeder von uns hatte ein ganz kleines, nur wenige Gramm schweres Kopfmoskitonetz aus Kunstfaser bei sich. Für die Übernachtung wählte ich ein Polyamid-Moskitonetz, das sehr leicht ist, klein verpackbar und in Kasten- ebenso wie in Zeltform befestigt werden kann. Die Zeltform war wichtig, weil dadurch der Poncho passend als Regendach darüber gespannt werden konnte.

Kochausrüstung

Die Kochausrüstung bestand pro Person lediglich aus einem starken Alu-Teller, der auch als Pfanne benutzt werden konnte, einem kleinen Gewürzset mit Salz, Pfeffer und Paprika, Gabel- und Löffel-Kombination, einer Griffzange und einem dazugehörigen Packbeutel.

»Bergausrüstung«

Ein kleiner Fangkarabiner, 2 HMS-Karabiner – das war die ganze »Bergausrüstung«. Zusammengenommen reichte sie aus, um einfache Abseilkonstruktionen zu erzielen, um mittels Reepschnur Proviant in die Bäume zu hängen oder sich in schnell fließenden Gewässern zu sichern.

Orientierung

Ebenfalls pro Teilnehmer gab's einen Kompass – drei verschiedene Fabrikate und verschiedene Ausführungen.

Hygiene

Schnell aufgezählt ist die von mir zusammengestellte Körperpflege-Ausrüstung: Haarbürste oder Kamm, Metallspiegel, Zahnbürste, zwei Handtücher, Toilettenpapier, Waschbeutel. Für drei Personen insgesamt 3 Kernseifen, Zahnpasta, und eine Sonnenmilch. Das Ganze wurde in einem wasserdichten Hypalon-Packsäckchen untergebracht.

Beleuchtung

Eine Taschen-, bzw. Stirnlampe pro Person inklusive zwei Ersatzbatterien stellten unsere Lichtquellen dar, wobei ich einer Stirnlampe den Vorzug gebe, da man die Hände zum Arbeiten frei hat und – bei guten, wasserdichten Modellen – eine Ersatzbirne dabei und der Lichtkegel verstellbar ist.

GEMEINSAM BENÜTZTE GEGENSTÄNDE

Unter dieser Rubrik führte ich alle Gegenstände auf, die von uns drei benützt wurden, so zum Beispiel das Zelt. Diese wurden entsprechend aufgeteilt:

Beleuchtung

Für unser Zelt hatten wir eine zusammenschiebbare Alu-Laterne, die klein und federleicht war. Sie wurde mit Teelichtern betrieben.

Kochen & Essen

Zwei ineinanderstellbare Aluminium-Töpfe, Wasserkessel und Handtuch bildeten unsere komplette »Urwald-Luxus-Küche«. Das Ganze wurde mit einem Spanngurt zusammengehalten. Ich wählte deshalb zwei Töpfe, weil man in ihnen auch Stücke eines größeren Tieres kochen kann.

Wasserentkeimung

2 Packungen Wasserentkeimungstabletten sowie ein kleiner Wasserfilter für die Entkeimung von Brack- und Flußwasser sollten uns vor im Wasser enthaltenen Krankheits-Erregern und Viren schützen.

Sonstiges

Unter diesen Absatz fielen 150 Meter Reepschnur, 3 mm stark, 40 Meter Reepschnur, Ø 6 mm, eine Federwaage und eine Machete, Made in Solingen. Ferner für Messungen ein Höhenmesser und ein Hygrometer für die Höhe der Luftfeuchtigkeit. Ein Thermometer sowie ein Fernglas mit Peilkompaß waren ebenfals mit dabei, zur Wasseraufbewahrung hatte ich zwei stabile 6-Liter-Faltkanister eingeplant.

SURVIVAL-KIT

Über die Bedeutung eines Survival-Kits brauche ich mich hier, glaube ich, nicht mehr auszulassen; dieser Ausrüstungs-Gegenstand wurde in vielen Büchern ausreichend behandelt. Das Survival-Kit sollte natürlich auf das jeweilige Klimagebiet zugeschnitten sein oder – noch besser – ein Überlebens-Set darstellen, das man für verschiedene Gegenden benutzen kann und dann nur noch vor jeder Reise entsprechend komplettiert.

Ich hatte mein Überlebens-Päckchen schon vor Jahren daraufhin ausgerichtet. So konnte ich es komplett verwenden und meine Reisepartner brauchten lediglich Ausstattung und Inhalt zu übernehmen.

Die wichtigsten Faktoren eines Survival-Kits lauten: Klein, leicht, kompakt; trotzdem muß es aber alles enthalten, was man im absoluten Notfall zum Überleben benötigt – ohne überflüssigen Luxus oder sinnlose Spielereien.

Bei der Zusammenstellung kann man gar nicht lange genug tüfteln. Denn irgendetwas gibt es immer zu beanstanden und was für ein bestimmtes Vorhaben sehr gut brauchbar ist, muß es noch lange nicht bei einem anderen Unternehmen sein.

Aus diesem Grunde soll diese Beschreibung auch nur als Denkanstoß verstanden werden und beileibe keine Pflicht-Anweisung darstellen. Manch

einem wird es zu klein sein, der nächste wieder vermißt dieses oder jenes.

Für unser Vorhaben aber war es meiner Meinung nach wirklich universell.

Als Gürtel verwendete ich ein baumwollenes Koppel aus Armeebeständen, an dem dann auch das Arbeitsmesser und die Feldflasche befestigt wurden. Das Gesamtbehältnis bildete eine robuste Cordura-Tasche mit den Maßen von 22 x 15 x 9 Zentimetern.

In diese gab ich als Behälter eine Aluminium-Brotzeitdose sowie eine wasserdichte Weithalsdose mit Schraubverschluß, ebenfalls aus Aluminium. Dinge, die Feuchtigkeit und Wasser vertrugen, kamen in ein Reißverschlußfach an der Vorderseite der Tasche und in die Brotdose. Alle anderen Gegenstände, die mit Wasser auf Kriegsfuß standen, kamen in die Weithalsdose.

Die Brotzeitdose kann man im Notfall auch zum Kochen benutzen, ebenso die Weithalsdose, die mit ihrem 1 Liter Inhalt auch als Behältnis für Flüssigkeiten oder zum Wassertransport geeignet ist. Eindeutig ein Vorteil von Aluminium: Es kann erhitzt werden, verträgt eine rauhere Behandlung als Plastik oder Polyäthylen, womit man für das Behältnis schon wieder mehrere Verwendungsmöglichkeiten hat.

Getrost naß werden konnte die Angelschnur, ebenso Reepschnur, der Signalspiegel sowie ein kleiner Schlauch und die Signalpfeife, die in der Vordertasche lose untergebracht wurden. Die Pfeife diente zum Verständigen oder Markieren des eigenen Standortes im Busch, wenn kein Sichtkontakt mehr gegeben sein sollte.

Mit dem Signalspiegel kann man am ganzen Körper Einstiche und Wunden untersuchen; der Schlauch ist zum Abbinden ebenso wie zum Aussaugen kleinster Pfützen aus Felsspalten geeignet.

In der Brotdose fanden folgende Dinge Platz: Zunächst mein Signalabschußgerät zuzüglich Munition, die in den Farben weiß, rot und grün gehalten war. Das kleine Gerät wiegt nur wenige Gramm. Schlamm, Staub und Wasser machen ihm ebnso wie der Signalmunition nichts aus. Freilich ist ein derartiges Gerät nur im Freien, auf dem Wasser oder in der Steppe sinnvoll, und im dichten Busch wird man vergeblich versuchen, auf sich aufmerksam zu machen. Aber man kann auch Eingeborene mit den Leuchtsternen überraschen oder ein Tier abschrecken und im wirklichen Notfall dürfte man wohl alles daran setzen – und sei die Möglichkeit noch so riskant –, durchzukommen. Die verschiedenen Farben hatten selbstverständlich ihre Bedeutung. So bedeutete bei der Verwendung als Signalgerät die Farbe **Weiß**: *Brauche Hilfe – sofort zu mir kommen.* **Rot** dagegen heißt: *Auf mich warten; komme selbst zurück* und die Farbe **Grün** sollte den Partnern signalisieren: *Gegensignal gesehen und verstanden.*

Dieser Code stand wasserfest auf der Innenseite des Deckels der Alu-Dose, die außerdem eine wasserdichte verpackte Notration mit 1000 Kilokalorien, die bekannte alu-beschichtete Rettungsdecke und einen Korken enthielt. Ein Magnesium-Feuerstarter, ein Schwimmer und Angelhaken verschiedenster Größe (mit und ohne Stahlvorfach) komplettierten den Inhalt. Die wasserdichte Weithalsdose enthielt folgendes: Drei Rasierklingen, eine Kopie der Seiten zwei und drei des Reisepasses, ein Schachtel Sturmstreichhölzer, ein Einwegfeuerzeug sowie zwei steril verpackte Nadeln mit Faden. Hinzu kam ein Wundschnellverband, ein Mini-Schreibblock zum Hinterlassen von Nachrichten nebst Bleistift, 20 Mineralsalztabletten und 25 Wasserentkeimungstabletten für je einen Liter Wasser. Eine Einwegspritze mit Kanüle, sechs Schmerztabletten, vier verschiedene Pflaster, zwei kleine Mullbinden und eine Bandage bildeten die »Not-Apotheke«. Für's Feuermachen bei Nässe sollten zwei große Esbit-Würfel sorgen, zwei Sicherheitsnadeln für alles mögliche und ein kleiner Kompaß kamen auch noch hinzu.

Drei Paßbilder, zwei kleine Schlüsselringe und eine (Nichtraucher verzeiht!) Schachtel Zigaretten wurden ebenfalls in der Dose mit untergebracht. Für starke Schmerzen gab ich flüssiges Valoron N mit hinzu und für den absoluten Notfall sollten zweihundert Mark in amerikanischen Dollars, verpackt in zwei verknoteten Präservativen dienen (hier empfehle ich kleine gebrauchte Scheine in ein, zwei und fünf Dollar-Noten – nagelneue Scheine werden vielerorts als Falschgeld betrachtet).

Mit diesem kleinen Set sollte es einem notfalls möglich sein, zumindest eine Zeit lang zu überleben, durchzukommen oder sich zu Menschen durchzuschlagen.

Eine Lebensversicherung aber ist dies nicht; und ich bin gewiß nicht böse, sollte ich das Kit niemals brauchen ...

DAS TRAINING

Man kann Bücher über den Urwald, über den Busch lesen, man kann in großen Zoos Amphibien, Reptilien, Säugetiere und Vögel beobachten – viel mehr geht als Vorbereitung für den Urwald nicht; einmal von Fitness - Programmen wie Rucksack-Märschen und Dauerlauf abgesehen. Manch einer hält sich auch mit Jogging und Schwimmen fit, ein anderer zieht Krafttraining im Sport-Center vor.

Wie dem auch sei: Die wichtigste Eigenschaft im Busch lautet Ausdauer. Zähigkeit und Kondition, das Wissen um die hohe Luftfeuchtigkeit, die Schwüle und die hohen vorherrschenden Temperaturen. Ideal ist ein Training im Sommer. Während unserer Vorbereitungsphase allerdings war tiefster Winter. Hier behalf ich mich mit Dauerlauf, Hanteltraining und Testmärschen mit dem vollgepackten Rucksack. Stiefel mußten eingelaufen und eine vernünftige Hängematten-/Moskitonetz-Konstruktion entwickelt werden.

Kaum zu erkennen ist der schmale Fußpfad

Und immer wieder grün…

29

Dinge, die man eben nur draußen in der Natur probieren kann. Zwei Begebenheiten blieben mir in besonderer Erinnerung, wohl auch in Anbetracht der Komik, die Außenstehenden vermittelt wurde. Zum einen war dies ein Gepäckmarsch, bei dem ich in die Wälder marschierte, um mit Poncho, Hängematte und Moskitonetz ein Urwald-Lager zu konstruieren.

Abgesehen von der kalten Witterung pfiff ein starker Wind, der sich stetig steigerte und kaum hatte ich am Waldrand die Hängematte befestigt, hagelte es.

Ich hatte mir felsenfest vorgenommen, mich durch keine noch so üble Witterung von meinem Vorhaben abbringen zu lassen und verbissen spannte ich meine zuhause ausgedachte Moskitonetz-Konstruktion auf.

Mittlerweile schneite es, und ein Typ in Khaki-Kluft stand nun mit einem flatternden Poncho neben seiner Hängematte und versuchte das Ganze zu befestigen.

Genau in diesem Moment kamen einige Leute vorbei, blieben verwundert stehen, und ich hörte die Frage eines kleinen Kindes, was denn der Mann da mache?

Eine Antwort vernahm ich nicht, hörte allerdings noch das Wort »Spinner!«, als sich der Trupp wieder in Bewegung setzte.

Ein anderes Mal unternahm ich mit meinem Freund Jürgen einen 35-Kilo-Gepäck-Nachtmarsch, um die Verpackung und die Trageeigenschaften des neuen Rucksacks in den Griff zu bekommen. Es war kalt, aber klares Wetter.

Jedenfalls die ersten Stunden. Nach Einbruch der Dunkelheit setzte dichtes Schneetreiben ein und das Thermometer fiel auf unter zwanzig Grad Minus.

Wir marschierten zu einer Freundin von mir – quer durch Wälder und über zugefrorene Felder.

Tags darauf trafen wir uns mit zwei guten Bekannten, die mit uns zurücklaufen wollten.

Auch dieser Tag war lausig kalt und ebenso wie am Vortag fror alles: Wasser, Brot und Fleisch.

Aufgrund der kalten Witterung banden wir uns Tücher und Schals um den Kopf, um die Ohren vor der beißenden Kälte zu schützen. Zwei Tage später kam Michael – ein Mitläufer – ins Geschäft und verkündete, daß er sich am linken Ohr Erfrierungen zweiten Grades eingeheimst hatte.

Worauf Frank, der sich auch gerade hier aufhielt, irgendwas von »idealem Afrika-Training« murmelte und alles grinste . . .

GELD- UND DOKUMENTENAUFBEWAHRUNG

Gestohlen wird überall.

Allerdings ist es ein himmelweiter Unterschied, ob einem in Deutschland der Geldbeutel entwendet, oder einem in Afrika der Reisepaß geklaut wird.

Ob es der Paß, wichtige Dokumente oder Impfausweise sind, die plötzlich verschwunden sind, der Verlust ist in jedem Falle fatal. Denn nun beginnt der Behördenkrieg, und im ungünstigsten Fall kann man seine Reise abbrechen.

Oder aber man wandert erst einmal in das dortige Gefängnis . . . Eigene Erfahrungen und Erzählungen von Travellern machen einen vorsichtig, und ich überlegte, wo ich die doch umfangreichen Papiere, Bescheinigungen und Dokumente diebstahlsicher verstauen könnte.

Das Risiko eines Verlustes bleibt immer, man kann aber durch Verteilung seiner Devisen und Dokumente die Gefahr zumindest kleiner machen und herabsetzen.

Ich teilte daher meine Sachen auf meinen Geldgürtel, den Brustbeutel, meine Geldbörse und einer Koppeltasche auf, denn in den wenigsten Fällen wird man alles zur gleichen Zeit los.

Kopien von wichtigen Dokumenten brachte ich an

den verschiedenen Stellen unter, so kann man im Notfall anhand der Ablichtung zumindest seine Personalien, Impfungen oder Sondergenehmigungen belegen.

Als kleinen Denkanstoß möchte ich meine Aufteilung hier wiedergeben und vielleicht kommt der eine oder andere Leser auf andere, bessere Möglichkeiten der Geld- und Dokumentenaufbewahrung:

Im Geldgürtel:
Große Scheine CFA-Franc
Große Scheine franz. Franc
Kopie des Reisepasses
Kaufnachweis der franz. Reiseschecks

Im Brustbeutel:
Reisepaß
Internationaler Impfausweis, Nr. 1
Versicherungsnachweis (Reiserücktrittskosten)
Liste mit wichtigen afrikanischen
Adressen, Kurse der mitgenommenen
Währungen, Schecknummern der
Reiseschecks
Kleine Scheine CFA-Franc
Kleine Scheine franz. Franc
Franz. Reiseschecks
Impfausweis, Nr. 2
Flugticket
Bahnrückfahrkarte
8 Paßbilder
Große Scheine Deutsche Mark

Im Geldbeutel:
Kleine Scheine CFA-Franc, franz. Franc,
Deutsche Mark
Kopie des Reisepasses

In der US-Gürteltasche:
Lose: 1 Bleistift
1 Kugelschreiber
1 kleiner Notizblock

In zwei alte Lederbrieftaschen verpackt:
Fotokopien der Devisenabrechnungen
Mitgliedsausweis der Deutschen Bergwacht
Geschäftsbedingungen des DRK-Flugdienstes
2 Verrechnungs-Schecks
1 Streifen Malaria-Tabletten
1 kleinen Kalender
Geschäftsversicherungen mit Vers.-Schein-
Duplikat der Europäischen Reiseversicherung
Unterlagen über Pygmäen
Wörterbuch: französisch für Afrika-Reisen
Adressenliste von Freunden und Bekannten
Mitgliedsausweis der deutsche Zentrale
für Globetrotter
Internationaler Führerschein
Autoren-Pass des freien deutschen
Autorenverbandes
Geschäftsbedingungen des DKV-Auslands-
Krankenschutzes
2 Briefköpfe (Privat + Geschäft)
Anschriftenkopie der Fluggesellschaft in
Frankreich

Die Segeltuch-Koppeltasche hatte ich mit einem Mini-Schloß ausgestattet. Den Schlüssel hierfür trug ich an einer Kette um den Hals.

IMPFUNGEN

Ende Dezember 1985 stellte ich unseren Impfplan auf. An erster Stelle stand die Impfung gegen Gelbfieber. Der wirksame Schutz gegen diese Krankheit beträgt 10 Jahre, hält also wesentlich länger vor, als andere Impfungen.

Während viele andere Impfungen vom Hausarzt oder von Gesundheitsämtern vorgenommen werden können, kann die Gelbfieber-Impfung nur von dazu autorisierten Instituten ausgeführt werden. Mein Schutz vor dieser Krankheit war noch völlig ausreichend, Ralf und Peter dagegen mußten sich im Hygiene-Institut der Universität und im Katholischen Missionskrankenhaus in Würzburg impfen lassen.

31

Mitte Januar trafen sich beide in Würzburg, absolvierten die Impfung und fuhren wieder nach Frankfurt und Hof.

Ralf wollte sämtliche andere Impfungen in der Uniklinik in Frankfurt machen, Peter und ich hielten uns an das Staatliche Gesundheitsamt in Hof. Wir begannen mit der ersten Cholera-Impfung, eine Woche darauf folgte die zweite Injektion. Wir ließen uns gleich ein Rezept für die Malariaprophylaxe und Tabletten gegen Typhus und Paratyphus verschreiben. Die Malariatabletten Resochin sind zwar weniger sicher als das Präparat Fansidar, da einige Moskito-Stämme mittlerweile gegen die erstgenannten Tabletten resistent sind; dafür aber haben sie wesentlich geringere Nebenwirkungen. Der Impfschutz gegen Typhus und Paratyphus, die Tabletten Typhoral, lagerte ich in meinem Kühlschrank bis zur Einnahme ein.

Unsere Tetanus-Schutzimpfung war noch voll wirksam, wir beließen es also bei einer Polio-Schluckimpfung gegen Kinderlähmung.

Pocken sind nach den neusten Erkenntnissen der Weltgesundheits-Organisation (WHO) ausgerottet, ein Impfschutz also entfiel. Kurz vor der Abreise nahmen wir noch eine Prophylaxe gegen Gelbsucht (Hepatitis A).

Mit prophylaktischen Maßnahmen kann man eine Krankheit selbstverständlich auch bekommen, der Krankheitsverlauf aber verläuft wesentlich harmloser.

Eine Garantie gegen Gelbsucht oder Malaria gibt es bislang noch nicht, zumindest aber kann man sich – sollte man sich infizieren – mit einer Prophylaxe einiges erleichtern. Nach meinen damaligen Informationen nahmen die Zentralafrikanischen Behörden die Impfnachweise – speziell gegen Gelbfieber – sehr ernst, alle anderen Impfungen waren lediglich empfohlen, sind für eine Einreise also nicht zwingend vorgeschrieben.

Sämtliche Impfungen ließ ich in den gelben internationalen Impfausweis eintragen, die Medikamente und Impfstoffe wurden bezahlt und beglaubigt; und nachdem auch Ralf meldete, daß bei ihm alles in Ordnung sei, hakte ich das Kapitel »Impfungen« ab.

LEIDER NOTWENDIG: DAS TESTAMENT

Ich habe leider schon einige Erbfälle im engsten Familienkreis erlebt und kam daher schon vor Jahren zu dem Schluß, daß ein Testament, möchte man seinen Nachlaß »gezielt« unter Freunde und Verwandte bringen, eine enorme Hilfe für die Hinterbliebenen darstellt.

Sicher – man kann sich die Erstellung eines Privattestaments selbstverständlich schenken. Dann aber tritt die gesetzliche Erbfolge in Kraft.

Wer damit einverstanden ist, bitte.

Ich bin es nicht, da ich bestimmte Dinge gerne in den Händen der – oder desjenigen sehen möchte, dem ich sie auch zugedacht habe.

Wer also ähnlich denkt, dem sei die Erstellung eines Privat-Testaments dringend empfohlen. Die Vorschriften der Form sind einfach: Das Privat-Testament muß handschriftlich erstellt werden und mit Unterschrift, Ort und Datum versehen werden – fertig.

Wer höhere Beträge, Immobilien oder hohe Sachwerte sein eigen nennt, sollte ohnehin dem notariellen Testament den Vorzug geben.

Spätestens bei einer Reise oder Tour mit hohem Risiko sollte man also an eine Nachlaßregelung denken.

Aber auch wer zuhause bleibt, ist von Unglücksfällen nicht ausgeschlossen. Gerade im täglichen Leben, im hektischen Alltag kann man schnell Opfer eines Unfalls werden und ob dies beim Sport, beim Autofahren oder im Haushalt passiert, bleibt sich im Endeffekt gleich: Aus, vorbei.

Also sollte man dementsprechend vorsorgen.

Die letzte Brücke vor dem Kongo

Der Lobaye liegt vor uns

Pirogen auf dem Ubangi

Eine Galerie von langen, schlanken Bäumen ragt über den Busch, armdicke Lianen winden sich an den Stämmen dem Licht entgegen, aufgefächerte Luftwurzeln geben den Urwaldriesen halt in den tiefgründig verwitterten Roterden.

Der in Tropengewittern hernniederschießende Regen
sammelt sich in Senken und Flüssen. Ich versuche,
über Wasserwege weiter ins Dickicht vorzustoßen

FUNDSACHEN:

Mitnehmen oder hierlassen? Ein junger Buschhund...

Eine farbenprächtige Heuschrecke

Eine Wanze frißt einen Schmetterling

Peter mit einem kleinen Streifenhörnchen

Einheimischer mit erlegter Gabunviper

Einer der zahlreichen Hundertfüßler

Auch in Zusammenhang mit einem Expeditions-Vertrag muß man die Bedeutung seines Testaments sehen.

Stirbt man während der Tour unterwegs, so hat man vielleicht seine Ausrüstung einem Partner zugedacht; was passiert mit eventuellen Tantiemen durch Vorverträge? Können die Partner während der Reise den Nachlaß veräußern oder Bargeld des Verunglückten verwenden?

Wie man sieht, gibt es hier viele Faktoren, die meiner Meinung nach schon klipp und klar festgehalten werden sollten, um Unklarheiten während und nach der Reise zu vermeiden.

Die Erstellung eines Testaments sollte man möglichst emotionsfrei ausführen und nicht etwa versuchen, durch eine Abfassung kurz vor der Reise eine unnötige Angst bei Verwandten oder Eltern zu erzeugen, oder etwa damit den harten Charakter seines Unternehmens verdeutlichen zu wollen. Das führt zu nichts und abgesehen vom moralischen Unrecht möchte bestimmt niemand den Teufel an die Wand malen.

Um Diebstahl oder Verlust des Testaments vorzubeugen, habe ich beispielsweise das Original in einem verschlossenen Umschlag meinem Vater ausgehändigt, Duplikate hat ein guter Freund, meine Schwester und ich zuhause.

So ist man in dieser Hinsicht hundertprozentig abgesichert und kann nur hoffen, daß die Umschläge von den Beteiligten erst in einigen Jahrzehnten geöffnet werden.

UNSERE FOTOAUSRÜSTUNG

Eine heikle Sache im tropischen Regenwald ist die stoßfeste, für den Gebrauch *wasserabweisende* und während des Transports *wasserdichte* Verpackung der Fotoapparate.

Für den Gebrauch ist es natürlich wichtig, daß man ohne viel Umstände schnell an die Kamera kommt, denn sonst ist das begehrte Motiv weggelaufen oder weggeflogen, während man noch wühlt und sucht.

Gepolsterte Fototaschen bieten sich an.

Diese sind zwar nicht wasserdicht, aber doch wasserabweisend und schnell zugänglich.

Einziger, aber nicht vermeidbarer Nachteil:

Durch die Polsterung sind sie etwas voluminös.

Regnet es in Strömen oder werden Flüsse durchquert, gibt man die bereits in Köcher und Fototaschen verpackte Ausrüstung in einen Weithalskanister, womit sie vor Stößen geschützt und hundertprozentig wasserdicht untergebracht ist.

Bei uns sah die Sache so aus:

Meine Canon A-1 mit Motor und 210 mm-Zoom-Objektiv gab ich in eine große, gepolsterte Fototasche, die zweite Canon A-1 mit Normalobjektiv wanderte in eine kleinere Fototasche gleicher Bauart.

Die entsprechenden Blitzgeräte kamen in ebenfalls gepolsterte Objektivbeutel, zwei Lederköcher dienten zum Verpacken des 70 mm-Zoom-Objektivs und einem 50 mm-Normalobjektiv mit hervorragender Lichtstärke.

Ein gepolsterter Filterbeutel nahm Peters kleine Olympus Autofocus-Kamera auf und in ein anderes Filtertäschchen kamen – logo – einige Farb-und Effektfilter.

Einen großen Objektivbeutel nahm ich leer mit.

Das hatte seinen Grund darin, daß beide Canon-Kameras bei Dämmerlicht natürlich mit den lichtstärksten 50 mm-Objektiven versehen würden und dann also das 210 mm-Zoom-Objektiv sicher untergebracht werden mußte.

Wir kauften uns noch eine Sofortbildkamera, die uns den Kontakt zu Einheimischen erleichtern sollte, und ich brachte diese ebenfalls in einem gepolsterten Beutel unter.

Einen Konverter zum Verdoppeln der größten Brennweite hatten wir auch dabei, wobei ich auf eine größtmögliche Brennweite von 420 mm kam. Sämtliche Filme - egal ob belichtete oder unbelichtete - gab ich in absolut wasserdichte Weithalsdosen.

Dahinein kamen auch alle Ersatzbatterien, Silicagel, pro Dose ein wasserfester Filzschreiber zum Beschriften der Filmdöschen und etwas Schreibpapier für Notizen.

WAFFEN

Ob man Waffen mitnimmt oder nicht, hängt vom jeweiligen Reiseziel ab.

Und von den entsprechenden Landesbestimmungen.

Notfalls erwirbt man sie auf dem Schwarzmarkt. Dann allerdings muß das eingegangene Risiko im Verhältnis zum Erfolg stehen.

Denn schwarz eingeführte oder gekaufte Schußwaffen ziehen in allen Ländern bei Entdeckung harte Strafen nach sich. Ob sich das lohnt, muß man sich vor dem Erwerb überlegen; wird man erwischt, ist es zu spät.

Das Optimum für den Dschungel stellen zweifellos ein Revolver und ein Gewehr dar. Pistolen sind meines Erachtens für Expeditionen ungeeignet; Revolver dagegen sind wesentlich schmutzunempfindlicher, es kann sich nichts verklemmen und die Waffe ist jederzeit schußbereit: ziehen und abdrücken. Für kurze Distanzen also, für die Jagd oder auch bei Überfällen stellt ein Revolver *die* Handfeuerwaffe dar.

Für größere Entfernungen dagegen sollte man ein Gewehr vorziehen; durch den wesentlich längeren Lauf schießen diese auch auf größere Distanzen sicher.

Mit einem entsprechendem Kaliber und der passenden Patrone kann man damit auch Raubwild oder Krokodile abwehren. Ich stellte mir ein Liste

zusammen, um zu sehen, was an Waffen bereits vorhanden ist.

Gemeinsam mit einem guten Freund hatte ich vor einigen Jahren einen .357er Magnum-Revolver erworben, ein zweiundzwanziger Revolver war schon bestellt.

Somit hatte ich die Auswahl zwischen einem großkalibrigen Revolver, einer Winchester und einer Commando-Armbrust mit Zielfernrohr und komplettem Zubehör. Ein Compound-Rollenzugbogen mit entsprechenden Jagdpfeilen war ebenfalls vorhanden.

Ich tendierte zu zwei Magnum-Revolvern und der Winchester, schließlich waren wir zu dritt und somit würde jeder über eine Schußwaffe verfügen.

Mit dem großkalibrigen Revolver konnte ich außer Magnum-Munition noch herkömmliche .38er-Patronen verschießen, ein Kaliber, daß man in sehr vielen Ländern bekommt. Für Kleinwild oder etwaige Angriffe hätten wir dann noch den anderen Revolfer mit der leichten Zweiundzwanziger Munition. Für weitere Distanzen, größere Säugetiere oder Krokodile sollte das Gewehr eingesetzt werden. Ich stellte Munitionslisten auf, entwarf Preislisten und informierte mich bei Polizei und Waffenverkäufern über die entsprechenden Ausfuhrbestimmungen.

Bis dahin gab es keine Probleme, das Konsulat war über die Waffenmitnahme schon vor etlichen Wochen informiert worden, und ich saß gerade beim Tüfteln einer wasserdichten Verpackung, als das Telefon klingelte.

Aha, der versprochene Rückruf aus Bad Godesberg, fuhr es mir durch den Kopf.

Bei dieser Gelegenheit fragte ich gleich nach der Waffenlizenz für Revolver und Gewehr und mußte erfahren, daß man die Einfuhr ablehnte; ich bekam ein kategorisches NEIN zu hören.

Nun war ich perplex - lag doch mein diesbezügliches Schreiben schon seit bestimmt zwei Monaten beim Konsulat. Mir war zwar bekannt, daß die

Deutsche Waffenbesitzkarte in der Zentralafrikanischen Republik keine Gültigkeit hatte, aber ich wußte von keiner Expedition, die je ohne Schußwaffen in den Dschungel gegangen wäre.

Noch lächerliche acht Wochen bis zum Start und jetzt so was! Ich wollte mich nicht einfach abwimmel lassen und hakte nach, aber auch mit einer Genehmigung wäre da nichts zu machen.

Ironischerweise wurde mir am Ende des absolut erfolglosen Gesprächs eine gute Reise gewünscht. Klick!

Nachdem ich meinen ersten Ärger verdaut hatte, rief ich nochmal an, war betont freundlich und fragte höflich, daß doch mittlerweile bekannt sein müsse, daß es sich bei diesem Unternehmen um eine Urwald-Expedition handle.

Natürlich wußte man dies, man wollte aber partout nicht darauf eingehen, schließlich – so bekam ich zu hören – wäre es unsere Sache, wo wir hingingen, nur sind die Landesgesetze peinlich genau einzuhalten.

Nun wußte ich aber aus anderen Quellen, daß in einigen zentralafrikanischen Ländern das Fotografieren oder die Berichterstattung über unbekleidete oder teilweise unbekleidete Stämme gar nicht so gerne gesehen wurde und viele Einheimische zu billigen Arbeitskräften mißbraucht wurden.

Daher wehte also der Wind.

Offenbar dachte man, daß wir von unserem Unternehmen Abstand nehmen würden, würde uns die Waffenlizenz verweigert.

Auch auf die Frage, ob wir Sportbögen oder eine Armbrust mitnehmen dürften, wußte man keine Antwort.

Nun wollte ich es aber genau wissen und rief einen der bekanntesten Jagdausrüster Deutschlands an, ob es vielleicht organisierte Jagdreisen nach Zentralafrika gäbe.

Bekannt war in der Firma nichts, jedoch bekam ich die Adressen der beiden größten deutschen Safari-Veranstalter nebst Rufnummern. Bei der Adresse

Nummer zwei hatte ich Glück: Man hätte vergangenes Jahr zwei Jagd-Safaris im Norden Zentralafrikas durchgeführt – was eine seltene Sache war, da die Jagdgebiete vor allem in Ost- und Südafrika lägen.

Hierzu bediente man sich einer anderen Agentur und die Einfuhr von Waffen war absolut kein Problem, es lief alles reibungslos, wurde mir erklärt.

Mittags rief ich Peter an und schilderte ihm die geführten Gespräche. Der war verständlicherweise stocksauer: „Die wollen uns das Ganze vermiesen, wenn du mich fragst!"

Zu diesem Schluß war ich auch schon gekommen und deshalb telefonierte ich nachmittags mit der Botschaft des Kongos, um zu sehen, wie man dort auf meine Fragen reagieren würde.

Die Bediensteten waren durchwegs freundlich; eine Dame sagte mir, daß bereits schon einmal eine Münchener Firma anfragte, ob Sportbögen eingeführt werden dürften. Solange das ganze Unternehmen keinem organisierten Urlaub einer Firma entspräche, gäbe es in dieser Beziehung keine Probleme. Nach meiner Frage mit der Schußwaffeneinfuhr wurde ich mit einem Herren verbunden, der meinte, daß die Genehmigung hierfür von Brazzaville abhängig sei und **alle** Waffen, auch Armbrust und Bogen genehmigungspflichtig seien.

Das wiederum könne man nur an Ort und Stelle vornehmen.

Ich versuchte zu erklären, daß wir eine Expedition vorhatten, bei der wir von Zentralafrika in den Norden des Landes einreisen würden.

Zwecklos.

Es war einfach nichts zu machen.

„Es ist eine Sauerei!" sagte ich dann bei der anberaumten »Waffenbesprechung« zu meinen Freunden. »da kann sich jeder Typ, der vom Land Rover aus einige Tiere abknallt, seine Büchse mit einfliegen lassen, nur weil er vielleicht die gern gesehenen Devisen mit ins Land bringt – und das noch mit einem gebuchten Abenteuer-Safari-Trip!« »Und wir können im Busch Wurzeln fressen!« meinte Peter mit bitterböser Miene, »da macht sich doch kein Aas irgendwelche Gedanken!"

Zugegeben – wir hatten an diesem Abend einen ordentlichen Haß auf sämtlichen Bürokratismus und waren uns einig, daß wir offenbar gar nicht so gern gesehen würden.

»Wenn ich mit der Armbrust (die immerhin einhundertfünfundsiebzig Pfund Zuggewicht aufweist) auf ein Krokodil schieße, das lacht sich tot!" brummte ich noch sarkastisch.

Das Problem bestand ja in der Hauptsache darin, daß wir ohne Waffe nicht einmal in der Lage wären, einem Partner beim Angriff eines Tieres zu helfen, geschweige denn, den Angriff eines größeren Tieres, zum Beispiel eines Gorillas zu stoppen.

Sicher – man könnte Armbrust oder Bogen trotzdem mitnehmen, aber das brachte nach meinen Überlegungen jede Menge Nachteile mit sich: Zuerst – der Zoll. Hätten wir das überstanden, mußten wir davon ausgehen, daß jeder Fehlschuß bei beiden Waffen einen Pfeil kostet – und man kann schließlich nicht Dutzende von Pfeilen mitnehmen.

Dann: der Marsch. Einen Bogen oder eine Armbrust ständig gespannt mit eingelegtem Pfeil in der Hand halten? Unmöglich.

Also am Rucksack befestigen. Natürlich wird er sich in Ranken und Pflanzen verhaken, und man wird während des Marsches behindert.

Und wenn man die Waffe braucht, sei es zur Verteidigung oder zur Nahrungsbeschaffung, vergeht viel zu viel Zeit, bis der Bogen oder die Armbrust schußbereit ist.

Und nicht zu vergessen: Das Gewicht.

Wir überlegten hin und her, ich rechnete und knobelte, aber da war nichts zu machen.

Von der Deutschen Botschaft in Bangui bekam ich den Ratschlag, im Landesinneren Bogen und Pfeile zur Nahrungsbeschaffung auf Kleinwild zu erwerben.

Allerdings ist noch kein Meister vom Himmel gefallen – man müßte sich mit dieser Waffe erst einmal einschießen;

das kostet natürlich Zeit, und das Manko mit den verschossenen Pfeilen blieb nach wie vor.

Nach den zeit- und kostenaufwendigen Vorbereitungen aber wollte natürlich keiner aufgeben.

Wir saßen in meiner Küche und plötzlich grinste Peter und meinte: »Der erste Urwald-Trip ohne Schußwaffen – nur mit dem Messer! Donnerwetter! Klingt doch gut, oder?!

»Klar,« gab ich ihm zur Antwort, »den Titel hab' ich schon: »Mit Messer und mit vollen Hosen...« oder so ähnlich..«

Nun grienten wir beide und rissen einige Witze, um die Stimmung aufzulockern – was sollten wir sonst tun...?

DIE WASSERDICHTE VERPACKUNG

Von meinen Wildwassertouren her wußte ich, daß wasserdichte Verpackungen von -zig Herstellern angeboten werden, allerdings nur die wenigsten diese Bezeichnung verdienen. Vom undichten Verschluß über mäßig beschichteten Nylonstoff oder nicht abgeklebten Nähten war ein breites Angebot vorhanden.

Hier half nur eins: Muster ordern, und nach Erhalt optisch überprüfen. Was hier nicht rausflog, wurde dem »Badewannen-Test« unterzogen, sprich mit Baumwollbekleidung gefüllt und kurzerhand in der Badewanne versenkt. Ab und zu wurde der Sack oder Kanister gewendet, geschüttelt oder zusammengedrückt; hatte er eine Nacht unter Wasser erfolgreich überstanden, ohne Feuchtigkeit

Bäuerliche Nutzung des ausgelichteten Urwaldes. Hoch ragen die großen Bäume über den Ananaspflanzungen.

44

eindringen zu lassen, und die Bekleidung blieb trocken, kam er in die engere Auswahl – schließlich spielte auch noch der Preis eine Rolle.

Dieser Test lag aber nun schon eineinhalb Jahre zurück und die großen Beutel, die wir seinerzeit in Vorderasien verwendeten, kamen für dieses Unternehmen nicht in Frage. Ich entschied mich schließlich für wirklich wasserdichte Kleidersäcke von einem norwegischen Ausrüster, die dieser neu in sein Progamm aufgenommen hatte und uns mit einem Testrabatt zur Verfügung stellte.

In verschiedenen Größen wurden die Säcke für das Zelt, ein anderer für Hängematte und Moskitonetz und der nächste für die komplette Ersatzbekleidung und den Schlafsack eingesetzt. Richtig verschlossen erschienen mir diese Kleidersäcke durchaus stabil und haltbar.

Überhaupt maß ich der wasserdichten Verpackung eine große Bedeutung bei, denn wie schlimm Urwaldverhältnisse sein können, schilderte mir Mitte Januar ein Kameramann, der etliche Wochen im tropischen Regenwald zugebracht hatte:

»Wer eine derartige Luftfeuchtigkeit noch nicht erlebt hat, wird's kaum glauben. So wusch ich eines abends mein total verdrecktes und verschwitztes Hemd, hängte es schön mit einem Ast zum Trocknen auf und verkroch mich in meinen Schlafsack. Bereits am nächsten Morgen zeigte das ganze Hemd einen kompletten Schimmelbefall.«

Noch schlimmer erging es vier jungen Franzosen, die vor 10 Jahren wochenlang im Urwald des Kongo marschierten.

Rucksack-Schultergurte faulten ab, Hüftgurte rissen oder brachen, ihre Hemden lösten sich in Fetzen auf.

Was dann mit einem Schlafsack passiert, der nicht wasserdicht verpackt ist, kann sich wohl jeder ausrechnen. Ein großes Problem freilich blieb: Ist ein Teil erst einmal feucht (z. B. der Schlafsack frühmorgens) und wird verpackt, so bleibt die Feuchtigkeit im Material – wie soll es verpackt trocknen?

Und wie lange dauert es, bis der Fäulnisprozeß einsetzt? Faktoren, die ich nicht im voraus planen konnte, die die Reise zeigen würde.

In jedem Fall sollten bereits feuchte Sachen nicht zusammen mit trockenen Gegenständen verpackt werden, weshalb ich auch mehrere kleinere Säcke nahm, um Zelt, Hängematte und Moskitonetz sowie Ersatzbekleidung getrennt voneinander unterzubringen.

Für die Apotheke wählte ich pro Person einen wasserdichten Vinylbeutel mit einem Patent-Falzverschluß. In einen Beutel gleicher Bauart wanderten auch die Detailkarten. Tagebücher und Schreibzeug fanden ebenfalls in einem solchen Packbeutel Platz und dank dreier verschiedener Größen wurde mir die Auswahl leicht gemacht. Den Beutel, in dem unsere Aufzeichnungen untergebracht wurden, hatte ich bewußt etwas größer gewählt, um dann im Urwald auch Reisepaß, Impfausweis, Devisen und Dokumente unterzubringen. Alle drei Vinylbeutel kamen jeweils in einen Weithalskanister, in dem auch die Fotoausrüstung und technisches Material Platz fand (s. S. 41).

Das wenige Waschzeug, daß ich mir zubilligte, brachte ich in einem hypalonbeschichteten Beutel unter.

Ein wichtiger Aspekt, der die Kleidersäcke und Weithalskanister betraf, war der Stichpunkt »Auftriebsmittel«.

Sollten wir gezwungen sein, Flüsse als Wasserwege zu benutzen, so verfügten wir immerhin über 11 kleine Säcke, die, mit Luft aufgeblasen und ordentlich verschnürt, ein hervorragendes Auftriebmittel zum Bau eines Floßes bildeten. Hinzu kamen die drei Weithalskanister, von denen leer jeder eine Person über Wasser halten konnte.

Ich hatte zu Hause eingehend Berichte von Reisenden studiert, die immense Schwierigkeiten beim Bau eines tragfähigen Floßes hatten.

Zwei oder drei Personen auf zusammengebundenen, dünnen Hölzern war ein Unding, und im anderen Fall müßte man tagelang Bäume fällen, um einen entsprechenden Auftrieb zu erzielen.

Und wenn es darum gehen sollte, zurück in die Zivilisation zu kommen oder tiefer in den Busch einzudringen, mußten wir – und darin waren wir uns einig – eben auf gewisse Ausrüstung verzichten und diese zurücklassen.

BASTELEIEN

Spätestens nach der ersten Tour kommt jeder darauf, irgendetwas verbessern zu müssen; Sei es aus praktischen Gründen, aus Perfektionslust, aus nüchterner Überlegung, oder um ein Ausrüstungsteil optimal dem geplanten Einsatzzweck anzupassen.

Und darin unterscheide ich mich um nichts von den anderen Leuten. Oft sind es gerade die Kleinigkeiten, die den Erfolg einer Tour ausmachen oder ohne die es einfach nicht geht.

Nachdem ich die Sache mit der wasserdichten Verpackung hinter mich gebracht hatte, kümmerte ich mich um die Weithalskanister, in denen die Apotheke, technisches Material, Fotoausrüstung, Karten, Batterien und Dokumente untergebracht werden sollten – kurz alles an Kleinkram, was irgendwie nässeempfindlich oder zerbrechlich war.

Die »Kanis« waren für unser Vorhaben geradezu ideal: rechteckige Grundfläche, stabiler Tragehenkel, nahezu unverwüstliches Material in unauffälligem Grau und einen Weithalsdeckel mit Dichtung und Schraubverschluß.

Ich wollte je einen dieser Kanister horizontal unter einen Rucksack befestigen. Und da fingen die Probleme an: Wie befestigt man einen Kanister absolut sicher an einem Rucksack, ohne daß er weder den Träger behindert, noch irgendwie verrutscht oder gar hinunterfällt. Ich hatte kein Interesse, Zoll oder Polizei klarzumachen, daß unsere gesamte Barschaft inklusive Dokumente und Fotoausrüstung, Tickets und Schecks irgendwo zwischen Bangui und Brazzaville in den lehmigen Fluten eines Flusses verschwunden wären. Und wenn ich an die darin untergebrachten Wertgegenstände dachte, formte sich in meinem Geist die Halluzination eines mit Eisenketten umwickelten grauen Etwas, daß zudem mit etlichen Schlössern gegen ein Verlieren gesichert war.

Ich probierte die ganze Sache mit Schnallgurten: Vertikal, horizontal, diagonal und einmal auch mit Reepschnur nach dem Motto: Sch... egal.

Die Sache hielt bombenfest – jedenfalls anfangs. Schüttelte man den Rucksack, schlenkerte ihn hin und her, oder bewegte man sich ruckweise – wie es in der Praxis ja üblich ist – verrutschten die Spanngurte unweigerlich.

Also mußten auf die Kanister Halteschlaufen zwecks einer Führung angebracht werden, die ein seitliches Verrutschen des »Kanis« ausschlossen. Peter wurde konsultiert, und gemeinsam tüftelten wir herum. »Heißklebepistole...« murmelte er schließlich und nahm sich einen Kanister mit nach Hause.

Zwei Tage später bekam ich den Prototyp präsentiert: zwei stabile in Längsrichtung angeklebte Gummihalterungen mit je zwei Führungsschlitzen sollten ein Hin- und Herwackeln des Kanisters am Rucksack verhindern.

Nach einem Test waren wir uns einig. Die Sache klappte wunderbar – nur: »Ich traue dem Gummi nicht!« meinte Peter und erklärte, daß er das Optimum schlechthin hätte: durchgehend breite, aufgeklebte Bänder aus Kfz-Sicherheitsgurten. Zweiter Prototyp.

»Hält absolut bombenfest, Wolfgang!« meinte Peter zu mir, als ich sein Werk begutachtete. Trotz meiner Beteuerung, daß ich seiner Kontruktion vollstes Vertrauen schenke, bestand er auf einer Reißprobe.

Ich kannte Peter.

Wenn er behauptete, daß irgendwas irgendwo hielt, konnte man sich darauf verlassen.

Er grinste mich an, und seufzend ergab ich mich in mein auswegloses Schicksal: Ich zog, ich schüttelte, ich riß, ich dehnte, schob, drückte und presste – kurz, ich probierte alles, um die Bänder abzulösen oder auszureißen. Nichts.

»Na?!« griente er mich an.

»Super!« war meine kurze Antwort, »geht in Serie, Peter!« Schließlich war es dann soweit, alle drei Kanister waren fertig und wurden unter die Rucksäcke geschnallt – es klappte vorzüglich.

Nun folgten Reparatur- und Wartungsarbeiten, Verbesserungen und Basteleien an gemeinsamer und persönlicher Ausrüstung. Meinen Hut bereicherte ich mit einem geflochtenen Lederband, unsere Bundeswehr-Feldflaschen wurden gründlich gesäubert und neu gestrichen. Ralf's Messerscheide war ausgerissen, also galt es eine neue zu beschaffen.

Der Tod meines Brustbeutels war offenbar nur eine Frage der Zeit, überall zeigten sich Risse, Fächer waren ausgefranst, und scheinbar wurde das Ganze nur von gekritzelten Adressen und Telefonnummern zusammengehalten. Die Hängematten versah ich mit stabiler 5 mm-Reepschnur, Peter kümmerte sich in dieser Zeit um die Moskitonetze, deren Bänder und Laschen schon jetzt ausfransten und sich auftrennten. Die Doppelschlafsäcke wurden getrennt; nur der äußere Teil, der leichte Kunstfaserschlafsack sollte mit auf die Reise gehen. Taschenlampen wurde auf Korrosion überprüft, die Ersatzbatterien verstaut. Unsere kleine Zeltlaterne wurde verbessert, der Wasserfilter gereinigt und durchgecheckt, Macheten und Messer geschärft, das Survival-Kit überprüft und ergänzt – es gab jede Menge zu tun.

Peter brachte aus der Arbeit ineinanderschiebbare Plastikhülsen mit, in denen normalerweise Bohrerstücke Platz fanden. Auf die passende Länge geschnitten, hatten wir einen erstklassigen Behälter zum Transport unserer Teelichter für die Mini-Laterne. Was in die Vinylbeutel kam, wurde auf eventuelle Kanten, Ecken und Spitzen überprüft, um beim Transport keine Löcher in das Material zu reißen. Für unsere Stiefel besorgte ich Ersatz-Schuhbänder, meine älteren Stiefel gleicher Bauart ließ ich neu besohlen.

So vergingen die Tage zwischen Schreibmaschine, Dauerlauf und Ausrüstung, und da das große Regal genau vor meinem Bett stand, schlief ich monatelang immer mit den gleichen Gedanken ein: Afrika, Ausrüstung, Ausrüstung, Afrika...

LAPSUS KAMERAMANN

Kurz vor Weihnachten 1985 lernte ich durch Zufall einen freiberuflichen Kameramann kennen; ich hatte mich bereiterklärt, für den befreundeten Inhaber eines Lokals mit zukünftigem Kino ein Drehbuch für einen kurzen Werbefilm zu schreiben. Wir standen beide am Tresen und diskutierten über das Manuskript, Schnitt-Arbeiten und Vertonung, als mir der Kameramann vorgestellt wurde.

»Moment«, funkte es in mir, »freiberuflicher Kameramann?« Das wäre genau das, was ich für meine Tour noch benötigen würde: einen Fernsehfilm, um die Kosten der Tour wieder aufzufangen.

Schon standen wir zusammen, und ich informierte den Filmer über unser Vorhaben, die Kosten, die Reisedauer – eben alles, was momentan für ihn Bedeutung haben könnte.

So erfuhr ich, daß Rudi, Ende dreißig und ledig, schon bei ZDF und ARD mitgewirkt hatte, Kamera-Assistent bei Spielfilmen war und über eine 16-Millimeter-Fernsehkamera verfügte. Da er in Regensburg wohnte, über das Wochenende aber in Hof war, vereinbarte ich sofort einen Termin für den nächsten Morgen bei mir zuhause; wo ich

48

Sekundärer Urwald, entstanden
durch frühere Rodungen

Termitenbauten finden sich
überall

49

mit ihm zusammen und Peter die Einzelheiten erklären wollte, denn er war ganz und gar nicht abgeneigt, das ganze Unternehmen filmisch zu dokumentieren.

Tags darauf dann gingen wir die groben Details durch, die Ausrüstung, das exakte Vorhaben, Probleme und Risiken.

Rudi stellte präzise Fragen ohne großes drum herum: nach den Kosten, den Ausweichmöglichkeiten, politischen Verhältnissen und nach zwei Stunden waren wir uns einig: Er war dabei. Somit hatten wir einen vierten Mann, der zudem Beziehungen zu verschiedenen Fernsehsendern hatte.

Mittags dann trafen wir uns noch einmal bei ihm und er zeigte uns die Kamera, erklärte uns – soweit das in der kurzen Zeit möglich war – technische Details und Möglichkeiten zur Vertonung und filmische Trcks.

»Also die Filmkosten«, meinte er »die müssen wir mit etwa 4000 Mark veranschlagen. Ohne Zubehör natürlich. Ich werde mir von befreundeten Kameramännern noch entsprechende Zoom-Objektive, Filter und das ganze »Pipapo« besorgen. Vielleicht müssen wir noch einiges Zubehör mieten, aber da sehe ich keine Probleme. Ich hab' zwar noch im Frühjahr einige Aufträge, aber das ist alles halb so schlimm!« meinte unser frischgebackenes Team-Mitglied.

Peter und ich waren von der Kamera, von Rudis Möglichkeiten und seinem Einsatz begeistert, vor allem, als dieser meinte, ich könne seinen Flug schon mal getrost mitbuchen.

Ich informierte Ralf telefonisch, teilt ihm mit, wie die Sache stand und bat ihn um seine Meinung. »Wenn der Typ paßt« meinte er in seiner überlegten Art, »geht die Sache klar. Und die 1500 Mark Mehrkosten pro Person sollte uns das Ganze wert sein.«

Was mit gefiel, war vor allem die 16 Millimeter-Film-Qualität, die mit Super-Acht-Filmen nicht zu vergleichen ist.

Ich setzte mich also an meine Maschine, buchte für Rudi den Flug, rechnete Filmmaterial-Kosten, Schnitt- und Vertonungskosten zusammen und war guter Dinge.

Für die Live-Vertonung stand uns eine Vier-Spur-Bandmaschine zur Verfügung, und Peter erklärte sich als Hobby-Musiker sofort bereit, die Tonaufnahmen zu übernehmen, um Rudi während der Film- und Dreharbeiten zu entlasten. Das Drehbuch war meine Sache, Ralf sollte als »Regie-Assistent« und »Mädchen für Alles« fungieren.

Die Energieversorgung mittels Akkus war sichergestellt, Kleinmaterial wie fehlende Mikrofone, Kabel oder Kamera-Zubehör wollte Rudi beschaffen.

Also stellte ich die Ausrüstung von drei auf vier Personen um und schrieb unseren Sachsponsoren, daß wir nun einen Kameramann dabeihätten, für den wir natürlich noch Ausrüstung benötigten.

So bekamen wir ein spezielles Tragegestell, das Rudi für seine Filmausrüstung verwenden sollte, Objektivbeutel, eine große Expeditionstonne für die wasserdichte und stoßfeste Verpackung seiner Utensilien und in kurzer Zeit war fast alles komplett. Ich war nur noch am Organisieren . . .

Einige Wochen später treffen wir uns alle vier zur Besprechung. Große Sorgen bereitete mir das Übergepäck.

Wir rechneten inklusive Verpackung mit einem zusätzlichen Mehrgewicht durch das Film-Material von 40 bis 50 Kilogramm. Es waren weniger die Träger-Probleme, sondern der Aufpreis der Fluggesellschaft, der mir Sorgen bereitete, aber vielleicht könnte man sich da einigen, dachte ich mir und stürzte mich in Verhandlungen mit der Agentur.

Ralf – auf dessen Meinung es nun ankam – hielt Rudi für ein passables Mitglied, man kam sich rasch näher, und wir erörterten stundenlang Details.

Rudi wollte mir spätestens im Januar einen endgültigen Bescheid geben, was seine Termine betraf, aber zu 99 Prozent konnten wir das Ganze als sicher ansehen.

Soeben hatte ich eine Nachricht erhalten, daß seitens der kongolesischen Behörden ein Filmverbot bestünde und bei Zuwiderhandlung – naja, daran dachten wir besser nicht.

Im günstigsten Fall war unser komplettes Film- und Fotomaterial weg und wie die Bestrafung aussehen könnte, interessierte mich vorerst noch nicht, denn zuerst mußten wir das ganze Material in die Zentralafrikanische Republik bringen.

Versicherungstechnisch gab es natürlich auch – wie sollte es anders sein – Schwierigkeiten, immerhin belief sich der Wert der Kamera auf ca. 50 000 Mark, mit der geborgten Gesamtausrüstung würden wir 100 bis 120 000 Mark errreichen.

»Wenn uns irgendwelche Polizeitrupps erwischen, dann wandern wir in den Bau!« erklärte Peter kategorisch und erntete ein beifälliges Nicken.

»Dann ist alles weg: Filme, Fotos, Tagebücher, Aufzeichnungen, akustisches Material – alles!« ergänzte ich.

Doch waren wir uns vollkommen einig, daß wir die Filmerei riskieren wollten.

»In diesem Gebiet wurde seit Jahrzehnten kein Film gedreht. Ihr habt mir selbst die Karten gezeigt,« sagte Rudi zu uns. »Alleine schon das reizt mich!«

Ok, die Sache stand.

Wir rechneten uns einen großen Vorteil aus, nämlich die eventuelle Überschreitung der Grenze zum Kongo im Busch. Die Visa hatten wir, lediglich der Ausreisestempel von der Zentralafrikanischen Republik und – wichtiger – der Einreisevermerk der kongolesischen Behörden fehlte uns dann natürlich. »Wir stellen uns einfach dumm nach dem Motto: Was – wir sind schon im Kongo?« grinste Rudi, »dann sehen wir ja, was passiert!« Das Riskio war verdammt hoch, aber wie sollten wir sonst zu gutem Filmmaterial kommen?

Rudi fuhr wieder nach Regensburg, Ralf klapperte in seinem alten Käfer nach Frankfurt, und Peter und ich blieben in Hof.

14 Tage später war alles aus.

Peter hatte Rudi in Regensburg angerufen und der sagte plötzlich ab.

Ich konnte es nicht fassen!

»Weshalb denn?!« fragte ich Peter völlig fassungslos.

»Wegen irgendwelcher Termine – ruf' ihn doch mal an,« meinte er zu mir, winkte erschöpft ab und ließ sich auf einen Küchenstuhl fallen.

Eine Minute später hatte ich Rudi am Apparat und fragte ihn, ob das sein Ernst wäre, oder ob es sich um einen schlechten Scherz handle?

Nein, nein, wurde mir versichert, es geht einfach nicht. Dringende Termine stünden bevor, Dreharbeiten konnten unmöglich verschoben werden.

Ich war stinksauer.

Die ganze Arbeit umsonst.

Und was sollten die Firmen denken? »Der will nicht. Der hat Düse bekommen, wenn du mich fragst!« brummelte Peter zu mir.

»Oder es handelt sich wirklich um superwichtige Sachen«, meinte ich, glaubte aber nicht daran. Warum sollte ich dann sofort seinen Flug mitbuchen? War es nur anfängliche Begeisterung? Vorschneller Enthusiasmus? Nun vielleicht plötzlicher Geldmangel, aufkommende Angst? Aber darüber ließ sich doch reden!

Er hatte keine konkreten Angaben weder über Auftrag noch Honorar gemacht – im Gegenteil, er wirkte eher nervös, schuldbewußt. Oder bildete ich mir das Ganze nur ein?

In jedem Fall war der Grund nun egal.

Aus, vorbei, finito. Peter brachte den Zustand kurz und prägnant in einem einzigen Wort unter: »Scheiße! Wo sollen wir nun in der kurzen Zeit einen Ersatzmann auftreiben. Die denken doch alle, wir hauen auf den Putz oder lügen sie an!«

Nur noch wenige Wochen bis zum Start und nun das!

»Überlegen wir mal:« sprach ich auch meinen Freund Norbert an, der ebenfalls bei mir war. »Vielleicht fällt dir als Außenstehender noch etwas ein oder Peter hat einen Geistesblitz. Wir brauchen einen erfahrenen Filmer, möglichst ledig ohne Familie oder ungebunden. Am besten keine familiären Verpflichtungen. Er müßte das Ganze auf eigene Verantwortung machen und eine nahezu komplette Ausrüstung mitbringen.

Zweitens: Uns bleibt nicht mehr viel Zeit; derjenige müßte sich also sofort freimachen können, bzw. Urlaub nehmen und umgehend Impfungen und Visa beantragen. Außerdem müßte man ihn informieren, daß ein Filmverbot herrscht und die Sache nicht ungefährlich ist; daß fast keine Möglichkeit besteht, auf Hilfe zu hoffen, sollten wir geschnappt werden. Achja – und das nötige Geld für die Tour müßte er haben.«

Sarkastisch lächelte ich meine Freunde an. Bei diesen Voraussetzungen einen Kameramann aufzutreiben, erschien mir unmöglich und die Gesichter meiner Freunde drückten das Gleiche aus.

Ich kannte einen einzigen Filmer in Hof, der mit Super-Acht-Filmen arbeitete und auch schon wirklich gute Filme über fremde Länder drehte. Den rief ich an.

Ich erklärte ihm kurz unser Vorhaben ohne große Hoffnung auf Erfolg, was sich auch bestätigte, denn erstens hatte er bereits eine Reise nach Ladakh im Juni dieses Jahres gebucht; somit keinen Urlaub mehr. Und außerdem ließ er durchblicken, daß er die Sache für undurchführbar und mich für einen Verrückten hielt, nachdem ich ihm die Schwierigkeiten etwas genauer schilderte.

»Hör mal,« fragte ich ihn, »Kennst Du keinen, der zumindest Interesse für die Expedition haben könnte?«

Der wandte sich am Telefon zu seiner Frau und fragte sie, ob sie »einen Lebensmüden oder Wahnsinnigen kenne, der als Filmer einige Wochen in den Urwald geht. Übrigens sollte er keine Verpflichtungen irgendwelcher Art haben und gut filmen können«.

Die beiden kannten zwar etliche Amateur-Filmer, bei den Voraussetzungen aber würde sich ihrer Meinung nach keiner zur Mitreise bereit erklären. Ich hatte das Kapitel »Film« schon abgehakt, da klingelte dann in der Nacht zum Sonntag das Telefon Sturm.

Peter war am Apparat. »Junge – ich habe verschiedene Adressen von hauptberuflichen Kameramännern beim Hessischen, beziehungsweise beim Bayerischen Rundfunk. Die drehen doch gerade eine Show-Veranstaltung in der Hofer Freiheitshalle ab.«

Einen Termin hatte er bereits vereinbart – unter Zuhilfenahme einiger Bekannte, die beim Fernsehen jobbten.

Sonntag Mittag dann standen wir im Foyer der Halle, aber der einzige, der Erfahrung im Busch hatte, hatte weder Zeit noch Interesse. Immerhin bekamen wir die Adressen der Kamerahochschule in München, die der Kameraschule in Berlin und die Adresse des Landesverbandes Freier Kameraleute. Unsere Illusionen waren nun endgültig zerstört, und als wir erfuhren, daß es im Regelfalle üblich ist, die Kameraleute zu bezahlen, begrub ich das Thema endgültig.

Als wir wieder im Auto saßen, sagten wir uns, daß wir zumindest alles versucht haben und daß man bei der nächsten Tour vielleicht Studenten der Kameraschule anwerben könnte.

Und vielleicht war es gut so, denn einen Menschen mit all seinen Stärken und Schwächen innerhalb von einigen Wochen kennenlernen zu wollen, war Unsinn.

»Lieber gute Bilder, als einen schlechten Film!« versuchte ich Peter zu trösten, der aber wußte genau, daß auch ich über alle Maßen enttäuscht und verärgert war.

So fuhren wir schweigend nach Hause.

Ein Fußpfad zu einer
Wasserstelle

Gigantische Wurzeln der
Urwaldriesen

Kaum von der Umgebung
zu unterscheiden:
ein kleiner Junge

53

DER EXPEDITIONS-VERTRAG

Es war wieder einmal soweit: Ich entwarf einen Vertrag, obwohl ich diesmal eigentlich darauf verzichten wollte. Denn erstens saß ich schon seit Monaten von früh bis spät an der Schreibmaschine; zweitens dachte ich anfangs, daß es bei dieser Tour keiner Verträge bedurfte.

Schließlich war das Ziel, die Dauer und das gesamte Vorhaben klar gesteckt, wo sollte es hier noch Probleme geben? Einmal saß ich dann abends mit Freunden zusammen und das Gesprächsthema kam unweigerlich auf Afrika.

»Wie sieht's mit der vertraglichen Absicherung aus?« wurde ich gefragt, »Gar keine, diesmal,« gab ich zurück und steckte mir eine Zigarette an.

Sofort wurde ich von den Anwesenden bestürmt, und Argumente prasselten auf mich ein: »Bist du wahnsinnig? Stell' dir vor es passiert etwas mit einem Kameraden? Womöglich machen dir dann die Angehörigen die Hölle heiß! Oder irgendjemand fängt sich eine bleibende Krankheit ein? Außerdem wollen sich deine Partner auch absichern! Nein, einen Vertrag brauchst du unbedingt!« So und ähnlich kamen die Argumente von allen Seiten. Egal, ob männlich oder weiblich, alle waren sich einig:

Für ein derartiges Unternehmen bräuchte es einen Expeditions-Vertrag, und eine Stunde später war ich dann auch davon überzeugt.

Es müssen klare Grenzen gezogen werden, was die Ausrüstung, die Dauer, die Auswertung oder die Kostenaufteilung angeht. Selbst die besten Freunde sind unterwegs schon zu Feinden geworden – das kann erst recht bei extremen Reisen passieren. Oder man kommt sich danach zu Hause in die Haare, es werden lapidare Streite vom Zaune gebrochen, die völlig unnötig sind, wenn es ein von allen Teilnehmern akzeptiertes Dokument gibt. Also entwarf ich einen Vertrag und tippte ihn feinsäuberlich ab. Da ich jedem gerecht werden wollte, ließ ich diesen von Freunden und Bekannten lesen, und ausnahmslos jeder bestätigte mir, daß die Sache in Ordnung wäre.

Ich hatte schon unterschrieben und händigte Peter die Zweitschrift aus, der allerdings in etlichen Punkten ganz anderer Ansicht war. Also sprachen wir die Sache durch. Er strich hier einen Absatz oder ergänzte einen anderen Paragraphen – was mir wieder gegen den Strich ging.

Über einige Punkte konnten wir uns einigen, bei anderen wieder waren wir absolut uneins.

Also nahm ich den nun mittlerweile mit Notizen bedeckten Vertrag mit nach Hause und wollte warten, bis Ralf nach Hof kam, um ihn zu fragen, was er von der Sache hielt.

An diesem Abend kam mein Freund Christian mit seiner Frau zu mir, und ich zeigte ihm die Blätter, die von der Optik her stark an einen Notizzettel erinnern.

Mit welch einfachen Mitteln man doch seinen Mitmenschen eine Freude bereiten kann!

»Gib mir doch bitte mal einen Bleistift. So, dann wollen wir mal sehen!« meinte Christian und setzte sich sofort an meinen Schreibtisch, um Verbesserungen vorzunehmen.

Denn Christian war aufgrund seines Berufes vorbelastet und als ich sah, daß der Freund regelrecht glänzende Augen bekam, begeistert strich oder Passagen hinzufügte, ließ ich ihn gewähren. Zum Schluß gingen wir ihn gemeinsam durch – ich hatte natürlich auch noch einige Änderungen anzumelden – und endlich hatte alles seine Ordnung.

Allerdings nur, bis Ralf kam.

Es wurde also wieder gestrichen, verbessert, hinzugefügt, aber schließlich war jeder des Teams einverstanden und der Vertrag wurde unterzeichnet.

Noch fünf Tage bis zum Start.

Bis auf einige Sachen war alles organisiert, im Prinzip konnte nichts mehr schiefgehen.

Ich versuchte mehrmals, Partner Ralf in Frankfurt zu erreichen, um mit ihm abzuklären, ob er noch einen Impftermin gegen Hepatitis A benötigte.

Nichts zu machen.

Ralf war entweder in der Uni, oder außer Haus – einfach nicht zu erreichen.

Gerade legte ich den Hörer auf die Gabel, als es an meiner Wohnungstür klingelte.

Ich öffnete, und herein schlenderte Ralf mit einem fröhlichen »Grüß' dich!«

Er hatte seine Zelte bereits in Frankfurt abgebrochen und war soeben in Hof angekommen.

Die Impfung hatte er absolviert, seine Ausrüstung mitgebracht.

Somit mußte ich nur noch die Bahnreise buchen, und das Kapitel »Organisation« war erledigt.

Tags darauf machte ich mit Peter unsere Gelbsucht-Impfung im Gesundheitsamt.

Gegen Abend holten wir dann unsere Internationalen Führerscheine ab und gemeinsam kauften wir dann auch noch Wetzstahl für unsere Messer.

Mein Freund entschied sich für einen Wetzstahl im Kugelschreiberformat und einer größeren Ausführung, ich konnte einem Stab mit einer stabilen Lederscheide nicht widerstehen.

»Ich brauche noch Aluminium-Brotdosen für mein Survival-Kit!« sagte Peter zu mir, und wir stürmten in ein Haushaltswarengeschäft, wo er das Gewünschte auch bekam.

»Morgen mache ich die Bahnfahrt klar,« meinte ich später zu ihm, als ich mit ihm wieder zurück ins Geschäft fuhr.

Am nächsten Tag erhielt ich per Post den Abholschein für unsere Flugtickets, somit war auch dieser Punkt geklärt.

Ralf wollte mit ins Reisebüro, um die Bahnfahrt zu buchen. So saßen wir nachmittags vor einem Bekannten am Schreibtisch und gingen die verschiedenen Möglichkeiten durch.

Nach zwei Stunden war alles klar.

Ich zückte meinen Geldbeutel und zahlte die Tickets, man wünschte mir eine gute Reise, und zufrieden verließ ich das Reisebüro.

In den letzten Tagen dann komplettierten wir unser Reisegepäck noch mit einigen Kleinigkeiten, dann war es soweit:

Es war nichts mehr zu tun.

Ich ordnete noch einige Geschäftsunterlagen und brach mittags, einen halben Tag vor unserer Abfahrt, die Arbeit offiziell ab.

»Karin, ich bin ab sofort nicht mehr erreichbar!« sagte ich zu meiner Vertretung, packte meine Sachen und fuhr mit Ralf nach Hause.

Abends dann trafen wir uns alle in einem Lokal, saßen im Bekanntenkreis noch gemütlich beisammen und freuten uns auf die morgige Abfahrt.

»Ich bin gespannt, wie alles läuft!« meinte ich zu Ralf.

»Na wie wohl? Bestens!« rief Peter herüber.

Die Stimmung war prima, alle waren guter Dinge.

Ich sah auf meine Armbanduhr: „Noch 11 Stunden bis zum Start, zwinkerte ich Peter zu und hob mein Glas; »allzu spät sollte es heute nicht werden; morgen früh müssen wir fit sein...«

**Einsatzvorbereitungen
zu einer Fotopirsch
bei den Pygmäen**

2
Auf Achse

ANREISE MIT HINDERNISSEN

»Los, Ralf, aufstehen!« rief ich zu meinem Kameraden, der sein Lager die letzte Nacht vor unserer Abreise in meinem Wohnzimmer aufgeschlagen hatte.

»Um acht Uhr kommt Peter, um dreiviertelneun Christian mit seinem VW-Bus, ich geh' erstmal Brötchen holen!« verkündete mein Freund.

Ralf hatte wie immer die Ruhe weg.

Nach dem Frühstück überprüften wir noch einmal die Reisedokumente: Internationaler Führerschein, Pässe, Impfausweise, Tickets und Devisen – alles da.

Als Peter kam, hatten wir uns bereits umgezogen und nun standen drei Mann in oliv, beige und khaki gekleidet vor der Ausrüstung, überprüften noch einmal die Verschlüsse des Gepäcks, nestelten an Reißverschlüssen herum und waren sich nach einigen Minuten endlich wirklich sicher, daß alles ok war, und es beim besten Willen nichts mehr zu tun gab.

Schon klingelte es, wir schleppten die Ausrüstung zum VW-Bus und ab ging's zum Hauptbahnhof.

»Mistwetter!« schimpfte Peter während der Fahrt. Es nieselte, war naßkalt, und der Hofer Nebel hing über den Straßen.

»Das richtige Wetter zum Verreisen!«, meinte ich zu Ralf, als wir unsere Seesäcke zum Gleis schleppten.

»Das kannst du glauben ...«, grinste mich auch Peter an, der uns gerade entgegenkam, um seinen Rucksack und seinen Weithalskanister vom Bus zu holen.

Nun standen wir am Bahnsteig, die Hände tief in den Taschen unserer dünnen Jacken vergraben und warteten auf den Zug.

»Thirtynine« von den »Queen« klang aus unserem Mini-Recorder, und schon kam das Abschiedskomitee, daß sich in Form zweier Mädchen näherte, die einen Karton mit Marschverpflegung trugen.

»Oh Mann – wer soll das alles essen?« fragte ich Peter, als ich den Karton genauer inspizierte. Selbst drei kleine Pikkolo waren dabei, und meine Hoffnung, daß wir diesmal sang- und klanglos abreisen würden, begrub ich, als Ralf's Vater auftauchte und auch noch ein alter Freund von mir heranschlenderte.

Schon kamen die Waggons, wir verluden die Ausrüstung und gingen zurück auf den Bahnsteig. Ein Blick auf die Uhr: in neun Minuten würden wir unterwegs sein, dachte ich und steckte mir eine Zigarette an.

Wir waren alle etwas nervös, Peter verabschiedete sich von seiner Freundin, Ralf unterhielt sich noch mit seinem Vater, und schließlich stiegen wir in den Zug.

»Bitte Vorsicht an Gleis 6! Die Türen schließen – Vorsicht bei der Abfahrt!« ertönte eine Lautsprecherstimme und die Wagen ruckten an.

»Viel Spaß!« »Macht's gut!« ertönten die Abschiedsgrüße vom Bahnsteig, die Lokomotive beschleunigte, alles winkte, bis die Zurückgebliebenen nur noch kleine farbige Tupfer im Grau des Bahnhofs waren.

»Also, wo müssen wir überall umsteigen?« fragte Peter, der sich intensiv mit »Garfield«, einem kleinen Plüschkater beschäftigte, den er zum Abschied als Talisman von seiner Freundin überreicht bekam.

»In Würzburg, Frankfurt, Genf. Ab Genf fahren wir durch bis Marseille. Frankfurt könnte mit nur sechs Minuten Zeit etwas knapp werden; dann haben wir aber immer noch die Ausweichmöglichkeit des Intercitys, der eine Stunde später fährt,« gab ich ihm zur Antwort.

Ralf nickte bestätigend mit vollen Backen – er opferte sich, dezimierte das Gewicht unseres Reiseproviants und saß kauend mit Messer und Pikkolo im Wagengang.

Wir vertrieben uns die Zeit mit Lesen, jeder hing seinen Gedanken nach und dachte an Afrika.

Kurz vor der Abfahrt

Unterwegs nach Afrika

Ralf und Peter mit unserer Ausrüstung in Genf

59

In Würzburg ging alles glatt, auch Frankfurt bot keine Probleme. Als wir nachts in Genf einfuhren, luden wir alles aus und brachten unser Gepäck zur Pass- und Zollkontrolle. Eineinhalb Stunden warteten wir auf die Abfertigung. Unsere Ausrüstung verluden wir auf zwei Gepäckwagen und entfernten bei dieser Gelegenheit auch unsere Expeditions-Aufkleber auf den Kanistern – uns wurde ohnhin zuviel Aufmerksamkeit zuteil.

Und ich hatte kein Verlangen, eine Diebstahlsanzeige in Marseille machen zu müssen, wenn unser Gepäck Beine bekäme; denn daß sich da einige teure Gegenstände in der Ausrüstung befanden, konnte sich jeder Taschendieb an seinen fünf Fingern abzählen.

Kaum im Zug nach Frankreich, besetzen wir ein Abteil und verteilen unser Gepäck.

Zwei Seesäcke auf den Boden zwischen die Sitze gelegt, den Rest auf die Gepäckablage, fertig sind die Schlafplätze für drei Personen.

Jetzt ein paar Stunden Schlaf, die Heizung anstellen und sich gemütlich räkeln, nehmen wir uns fest vor.

Aber wir dösen nur mehr oder weniger im Halbschlaf vor uns hin, werden unterbrochen von Schaffnern, Zoll und Polizei. Einschlafen, aufwachen – ein ständiges Hin und Her.

Kurz vor sechs Uhr erreichten wir Marseille St. Charles, den Hauptbahnhof der französischen Küstenstadt.

Wir entscheiden uns für ein Taxi; handeln den Preis aus und sind eine halbe Stunde später zum Flughafen »Marignane« unterwegs. In fünf Stunden soll ich die Tickets beim entsprechenden Schalter abholen, wir haben also viel Zeit bis dahin und spazieren durch die verschiedenen Hallen. Einer von uns bleibt ständig bei unserer Ausrüstung.

Wir trinken Kaffee und warten, um 12 Uhr soll ich mich beim Informationsschalter melden.

»Noch zwei Stunden.« meine ich zu Peter, der gerade versucht, das defekte Armband seiner Uhr zu reparieren. Wir sitzen in einem kleinen, offenen Café mit Blick auf die Start- und Landebahnen und trinken »Porter«, dunkles, französisches Bier. Unsere Maschine fliegt angeblich um 15 Uhr. Der einzige Schalter zum Einchecken, an dem man uns verwies, ist natürlich unbesetzt, trägt auch keine Bezeichnung – lediglich zwei Nummern sind angebracht. Ich treffe in der Halle einen jungen Deutschen, der mit der gleichen Maschine fliegt und ebenso wie wir der Meinung ist, daß es vermutlich »Gate 10« zum Einchecken sein wird. Also gut.

Langsam kommen auch die Passagiere und alles steuert zielstrebig auf den grauen Gang zu. Peter und ich unterhalten uns mit einem Tramper, der auffällig gelbe Augen hat und dem es gesundheitlich nicht gerade prächtig geht. Wir tippen auf Hepatitis A – Gelbsucht –, und empfehlen ihm, schnellstens einen Arzt aufzusuchen.

»Du kommst mit Sicherheit eine Zeitlang in Quarantäne«, sagte ich zu ihm, »eine Freundin von mir lag erst kürzlich mit Gelbsucht im Krankenhaus.« Das Wort »Quarantäne« allerdings ist ganz und gar nicht dazu angebracht, Stimmung beim Kranken aufkommen zu lassen – er will sich das Ganze noch einmal überlegen.

»Blödsinn!« schimpft Peter, »der infiziert noch andere, wenn er nicht zum Arzt geht, aber bitte, was soll's . . .«

Wir reihen uns in die Schlange der Flugpassagiere ein und laufen zur Ticketausgabe und Gepäckaufgabe.

Prompt zahlen wir 300 Franc wegen Übergepäck, obwohl wir kurz vorher sämtliche schweren Stücke auf unser Handgepäck verteilt haben. Nach der Gepäckaufgabe wiegen wir an einer unbesetzten Waage heimlich unser Handgepäck. Jeder hat einen Weithalskanister und eine Stuff-Bag. Ich komme auf 17 Kilo Handgepäck, Peter auf 19 und Ralf auf 17,5 Kilogramm – wenn das nur gut geht . . .

Wir haben noch ausreichend Zeit, wieder ins Café

zu gehen und uns zu unterhalten. Hier lerne ich auch einen Deutschen kennen, der ebenfalls nach Zentralafrika fliegt.

Sofort erkundige ich mich bei ihm, ob er Landeserfahrung hätte, und erkläre ihm kurz unser Vorhaben. Seiner Meinung nach ließe sich das realisieren, und er empfiehlt uns das nur etwa 100 Kilometer von Bangui entfernte Dorf M'Baiki als Ausgangspunkt.

Busch-Taxis fahren die Strecke und auch alte, klapprige Busse kommen dorthin. Unser Informant verkauft Autos in Zentralafrika und war vor einigen Jahren schon einmal in dieser Gegend.

Prima, die ersten Informationen sind absolut positiv, und zufrieden machen wir uns auf zur Handgepäck-Kontrolle. Wir kommen genau bis zum ersten Uniformierten, nicht weiter. Der Grund: Wir haben zwei Gepäckstücke – eines zuviel.

Ralf hat den ersten Einsatz mit seinen französischen Sprachkenntnissen. Alles steht herum und diskutiert, ein zweiter Beamter wird herbeigeholt und Ralf redet und redet.

Nichts zu machen! Wir müssen ein Gepäckstück als Fluggepäck aufgeben.

Also im Laufschritt zurück zur Gepäckaufgabe! Während wir die Rolltreppe hinabhetzen, überlegen wir, was wir nun abgeben. »Ganz klar – die Stuff-Bags! In den Kanistern ist die komplette Foto-Ausrüstung!« rufe ich Peter zu, während wir um die nächste Kurve wetzen. Noch ein paar Meter, wir rennen in den Raum, in dem wir zuvor unser Frachtgepäck aufgegeben haben – nichts!

Der Raum ist leer!

Also zurück.

Unverrichteter Dinge hasten wir zurück zur Flughafenpolizei, und Ralf erklärt einem Beamten, daß die Gepäckaufnahme schon geschlossen hat. Wie sollen wir nun ein Gepäckstück loswerden? Ein Blick auf die Uhr – noch zwanzig Minuten bis zum Abflug! Ein Polizist führt uns in das Büro zur Flughafen-Polizei, zum Chef persönlich.

Ralf blufft: Wir hätten mit der Fluggesellschaft in Lyon, Marseille und Paris telefoniert und hätten die mehrmals bestätigte, mündliche Genehmigung zwei Gepäckstücke im Passagierraum mitzuführen.

Diese Erklärung hat die Wirkung, daß wir unsere Reisepässe abgeben dürfen.

»Los, deinen Autorenpaß her, Wolfgang!« raunt mir Ralf zu. Er gibt mich als Journalist aus. Er selbst wäre Fotograph und Peter – ganz klar – Assistent.

Telefonate beginnen.

Der Chef zieht offenbar Informationen über uns ein, blättert die Pässe durch und telefoniert wieder: »Meyer Ralf, Mike-Echo-Yankee-Echo-Romeo, Prénom Ralf – Romeo-Alpha-Lima-Foxtrott...« Und so gehts weiter.

»Noch sechs Minuten bis zum Abflug!« Peter stößt mich leicht in die Seite und schielt zur großen Uhr an der Decke. Wir werden überprüft – und zwar gründlich.

»Los, Ralf! Tu was!« drängt Peter unseren »Dolmetscher«. Der redet und redet.

»Die Kanister aufmachen!« meint er schließlich zu uns. »Gepäckkontrolle«.

Mist!

Also die Fotoausrüstung 'rausgeholt. Zubehör und Ersatzteile hergezeigt. Was denn in den Säcken wäre, möchte der Kommandant wissen.

Film- und Fotomaterial, gibt Ralf zur Antwort, eine Kontrolle entfällt.

Unsere Foto-Ausrüstung schafft Eindruck. Ralf erklärt, daß wir eine Reportage über eine Expedition in den Urwald und über Pygmäenstämme machen.

»Aus, das war's – Scheiße!« sagt Peter zu mir mit einem Blick auf die Uhr.

Eins nach Drei.

»Vielleicht fliegt die Maschine später?« werfe ich ein. »Die werden uns doch nicht einfach zurückhalten!« Erneute Telefonate.

Nun hastet ein Mann in Zivil heran. Schnell einpacken, bedeutet man uns und mitkommen.

Alles klar, man wünscht uns viel Glück, wir können weiter. Theoretisch müßte die Maschine schon weg sein.

Im Dauerlauf folgen wir dem Mann durch die Gänge, wir passieren das Metallspürgerät, Lampen leuchten, ein Signalton ertönt, wir laufen weiter. Gegenüber finden bei anderen Passagieren die Handkontrollen statt.

Wir rennen weiter, passieren den Zoll und werden weder aufgehalten, noch kontrolliert.

An den restlichen Checkpoints und Kontrollen stürmen wir ebenfalls vorbei, immer im Geleit des mysteriösen Begleiters. Die Leute starren uns an – da rasen drei verschwitzte Gestalten in Tropenkluft durch die Gänge, ohne kontrolliert zu werden?! Schon sind wir am Flugfeld.

»Bon voyage!« lacht uns unser Beleiter an, drückt uns die Hände, zeigt auf den Bus.

Sofort sind wir drin, rufen noch ein »Merci beaucoup!« hinaus und fahren zur Maschine.

»Puuuh!« Peter lehnt sich erschöpft an eine Haltestange, während wir auf die Startbahn rollen. »Das ging ja gut los...«

»Da, die Maschine. Keine Douglas DC 8, eine Boeing 707!« deute ich nach draußen und stoße Ralf an.

Der Bus hält, wir gehen mit unseren großen Gepäckstücken die Gangway empor, ich lasse mir die Tickets von Ralf geben, reiche sie im Gewühl an Peter weiter. Als ich mich umdrehe, steht Ralf hinter mir – mit roten Flecken im Gesicht.

Ich sehe nicht besser aus; wir steigen in die Maschine, suchen uns drei Plätze und lassen uns in die weichen Polster fallen. Punkt 15 Uhr dreißig rollt das Flugzeug zur Startbahn, nimmt seine Position ein, beschleunigt und hebt in den blauen Himmel ab.

»Ralf,« wende ich mich nach rechts, »Du warst Spitze!«

Auch Peter macht eine Faust und hebt den Daumen – Ralf hatte seinen ersten großen Auftritt.

Die Maschine schraubt sich langsam höher – wir sind unterwegs!

RÉPUBLIQUE CENTRAFRICAINE

Die gelben Schriftzüge »Fasten Seat-Belt« und »No Smoking« leuchten auf, Stewards und Stewardessen kontrollieren die Sitzgurte, die Maschine setzt zur Landung an.

Wir sehen die Lichter von Bangui. Die Maschine geht tiefer, die Beleuchtung über den Sitzen wird gelöscht. Französische Durchsagen einer Stewardess, wir setzen auf. In knapp fünf Stunden sind wir von Europa nach Zentralafrika geflogen. Ralf lauscht auf einige Durchsagen und murmelt etwas von 15 Grad Außentemperatur.

»Du hast offenbar vergessen, 12 Grad hinzuzuaddieren, mein Guter!« sage ich zu ihm, als wir die Gangway hinuntergehen, denn eine schwüle Hitze schlägt uns entgegen, im Nu sind wir schweißnaß. Wir laufen zum Flughafengebäude, den Abfertigungsstellen entgegen.

»Sieh' dir den an!« meint Peter zu mir, als wir auf den Eingang zusteuern. Ein großer Schwarzer steht breitbeinig neben der Tür. Rotes Barett, Tarnhose und Tarnjacke, schwarze Springerstiefel, Bajonett und Gummiknüppel an der Seite. In den Händen hält er eine Maschinenpistole; trotz der Nacht trägt der Soldat eine Sonnenbrille.

Unwillkürlich erinnert man sich an die billigen Söldner-Filme bundesdeutscher Kinos, an Dschungelkämpfe und Romane.

Wir betreten den Bau und schleppen unser Handgepäck zur ersten Kontrolle. Die Abfertigenden sind ausnahmslos Militärs.

Eine drückende, feuchte Hitze herrscht in dem Gebäude, langsam bewegen wir uns in der kleinen Menschenschlange vorwärts.

Busch-Piste

**Die typischen Hütten der
Eingeborenen**

»Was habt ihr denn vor?« werde ich von einer deutschen Frau gefragt. »Wir möchten in den Busch, und Sie?« stelle ich gleich die Gegenfrage.
»Deutscher Entwicklungsdienst.«
Einige Franzosen, bis jetzt konnte ich fünf Deutsche ausmachen, der Rest Afrikaner, von Tourismus bis jetzt nichts zu spüren – Gottseidank.
Die Militärs sind recht barsch und unfreundlich und ich habe so das Gefühl, daß das Entfernen unserer Aufkleber goldrichtig war.
Endlich sind wir durch die Kontrolle.
Nun beginnt die Warterei auf das Flug-Gepäck.
Aha, da kommen die See- und Rucksäcke.
Auf zum Zoll!
Ralf öffnet seinen Rucksack, packt einiges aus und erklärt den Inhalt auf Französisch. Ich wuchte die Seesäcke auf die Theke und schließe die Schlösser auf.
Zuerst Peters Seesack: Ich drücke die Machete und ein Messer unauffällig zur Seite und deute auf unbedeutende Dinge:
Zelt, Essgeschirr, Schlafsack.
Ok – ich kann wieder einpacken.
Ein Soldat deutet auf eine Tube Haar-Shampoo und dann auf sich. Eine eindeutige Geste – auf das Shampoo können wir verzichten. Ralfs Seesack bekam nun auch das begehrte lilane Kreidezeichen.
Die Rucksäcke waren schon durch.
Ich öffnete meinen Seesack und zuckte zusammen: Zwei oder drei Büchsen mit Mineraldrinks und Konzentraten waren aufgegangen. Ihr Inhalt hatte sich zu einem weiß-gelben Pulver im ganzen Seesack verteilt.
Sofort treten zwei bewaffnete Soldaten näher und schauen böse in den Seesack.
Peter und ich reagierten fast gleichzeitig. Blitzartig den Zeigefinger befeuchtet, in das Pulver getaucht und abgeleckt. »Manger!« (Essen) grinsen wir die Soldaten an, um die Harmlosigkeit des »Stoffes« zu unterstreichen. Ralf redete sofort auf die Kontrollierenden ein und machte ihnen deutlich, daß es

sich um ein völlig harmloses Trockenprodukt handle.
Denn das fehlte uns gerade noch: Wegen Rauschgiftbesitzes hinter Schloss und Riegel zu wandern.
Eine kurze, erregte Diskussion auf Afrikanisch nahm seinen Anfang und prompt wird eine große Dose Eiweißdrink konfisziert.
In welches Hotel wir möchten, wird Ralf nun von einem Soldaten gefragt. Hotel? Eigentlich in gar keines, meine ich zu ihm. Darauf aber läßt sich der Mann nicht ein, es wird schriftlich festgehalten, wo wir absteigen.
Bevor es einen Aufstand gibt, geben wir also den Namen eines Campingplatzes an, den Ralf von einem Passagier erfahren hat – »Centre d'Accueil.«
Wir haben zwar keine Ahnung, was und wo das ist, aber der Soldat ist zufrieden.
»Die kontrollieren dich hier auf Schritt und Tritt!« unkt Peter zu mir; er konnte zu diesem Zeitpunkt noch nicht wissen, wie recht er hatte...
Eine barsche Handbewegung, eine Richtungsweisung mit dem Kopf – die Kontrolle war beendet.
»Na also,« meinte ich zu meinen Freunden, »ging doch alles glatt!« »Vor allem haben sie die Weithals-Kanister nicht kontrolliert!« freute sich Ralf.
Schon kamen einige Afrikaner, schnappten sich See- und Rucksäcke und gemeinsam schleppten wir die Ausrüstung nach draußen.
Ralf handelt den Preis für die Fahrt aus, Peter und ich lassen das Gepäck keinen Augenblick aus den Augen. Die Afrikaner werden immer zahlreicher und kommen unserem Gepäck gefährlich nahe.
»Paß auf, Peter«, rufe ich meinem Freund zu, »hier soll gestohlen werden, was das Zeug hält!«
Der Preis ist vereinbart, zusammen mit dem Taxifahrer und dessen Hilfskraft verladen wir das komplette Gepäck in einen alten, klapprigen Renault R 12. Wir möchten gerade einsteigen, da geht es los. Wir werden von Einheischen umringt, jeder fordert Geld. Um einigermaßen den Überblick zu behalten, gebe ich den dreien, die uns beim Verladen

und Transport der Ausrüstung geholfen haben, 3000 CFA und mache ihnen deutlich, daß sie den Betrag mit ihren Kollegen teilen sollten.

Aber von wegen, die Burschen werden immer dreister.

Mittlerweile geht's ziemlich laut zu, da schießt auch schon ein Uniformierter schreiend heran und die Afrikaner springen auseinander.

Gerade rechtzeitig, denn einer der Burschen griff mir bereits an den Brustbeutel, ein anderer befingerte schon meine Koppeltasche.

»Los – ab in den Wagen!« rief ich Ralf und Peter zu.

Die beiden klemmen sich auf den Beifahrersitz, ich kaure mich zwischen Gepäckstücken auf den Rücksitz, wir fahren los.

Neben mir sitzt noch ein Einheimischer. Der Wagen holpert auf einer roten Piste Richtung Bangui, durch Schlaglöcher und Pfützen.

Plötzlich registriere ich, daß da eine Hand an meiner Koppeltasche herumfingert – mein schwarzer »Beifahrer«.

Ich klopfe ihm auf die Finger, die Hand zieht sich zurück.

»Paßt auf eure Dokumente auf!« rufe ich nach vorne.

»Schon gemerkt,« höre ich Peters Stimme, »da griffelt mir jemand an meiner Tasche rum!«

Auch Peter schlug dem dreisten Typen auf die Hand, der aber sah stur gerade aus und war nicht im geringsten peinlich berührt.

Wir fahren und fahren.

Draußen war es stockfinster, ich sah ab und zu nach hinten, ob die Rucksäcke noch im Kofferraum waren und dachte im Stillen, daß dies der ideale Ort für einen Überfall wäre, wollte man uns um das Gepäck erleichtern.

Offenbar nicht, denn schließlich fuhren wir neben Wellblech- und Holzhütten durch Bangui, um dann schließllich rechts auf ein umzäuntes Gelände einzubiegen.

Wir waren da.

Schweißnaß klettern wir aus dem Wagen. Nun ging's ans Bezahlen. Ganz klar, der Fahrer wollte mehr.

»Nichts gibt's!« sagte ich zu Ralf, »mach ihm klar, daß es beim vereinbarten Preis bleibt. Keinen CFA mehr!«

Nach langem Hin und Her war man sich schließlich einig: 5000 CFA, etwa 33 Deutsche Mark. Naja, immerhin sind es vom Flughafen in die Stadt 12 bis 15 Kilometer und Bangui wurde mir schon zuhause als unheimlich teure Stadt beschrieben. Ich zückte also meinen Brustbeutel und zählte den Betrag ab. Aber von wegen! Nein, mein Geld nehme er nicht, denn diese Scheine wären hier nicht gültig.

Das darf doch nicht wahr sein! Die Jungs von der Bank hatten mir die falsche Währung gegeben und ich war der einzige, der einen größeren Betrag in der vermeintlichen Landeswährung mitführte; unser restliches Budget setzte sich aus französischen Francs und französischen Reisecheques zusammen – der Diebstahlgefahr wegen.

Ralf konnte den Fahrer schließlich bewegen, französische Francs anzunehmen, selbstverständlich im gleichen Wert …

Wir gingen ans Gepäck ausladen. Plötzlich ein Schrei: »Garfield« ist weg! Die haben mir meinen »Garfield« geklaut!«. Peter war außer sich.

Man hatte ihm den Talisman seiner Freundin entwendet! Eine Frechheit sondersgleichen.

Er griff sich sein Feuerzeug und machte sich daran, daß Wageninnere abzusuchen.

Und das lohnte sich. Hatte doch der clevere Mitfahrer bereits alles mögliche unter den Vordersitzen versteckt: Peters Hut, meinen verpackten Minirecorder, selbst vor Peters Jacke machte er nicht halt. Der kleine Stoffkater allerdings blieb verschwunden und Peter ärgerte sich weiter.

»Schaut bloß, daß ihr verschwindet!« rief Peter den beiden Gaunern auf deutsch nach und setzte sich neben das Gepäck auf einen Kanister.

»So, nun schauen wir mal, was hier die Übernachtung kostet!« meinte ich zu Ralf und wir setzten uns in Bewegung. –

Ralf gelang es sogar, ein Bier zu erstehen, das ich dem wütenden Peter sozusagen zur Beruhigung brachte. Gemeinsam setzten wir uns auf die Wiese und berieten die nächsten Schritte.

Erst einmal einen sicheren Platz für das Gepäck und dann: schlafen.

Über eine Stunde verging, dann schließlich hatten wir eine Bleibe: ein Zimmer mit Wasser aus der Wand, sprich Dusche, einem Bett für drei und Platz für unser Gepäck.

Um Mitternacht endlich lagen wir schwitzend zu dritt und nur mit Unterhosen bekleidet unter einem Zwei-Personen-Moskitonetz auf dem Doppelbett und versuchten zu schlafen; nicht ohne vorher zwei Spinnen und eine Kakerlake ins Jenseits befördert zu haben.

»CENTRE D'ACCUEIL«

»Das Klima bringt mich um!« stöhnt Peter, während uns der Schweiß von der Stirn in die Augen läuft.

Wir sitzen mit nacktem Oberkörper in unserem Zimmer und beraten die nächsten Schritte.

Zugegeben, das Zimmer entspricht nicht gerade einem 1-Sterne-Hotel, aber zum ersten ist es billig und zweitens sind wir nicht zur Erholung hier. Immerhin kann man sich waschen und wenn man vom lausigen Holzgestell, das das Bett bildet, absieht, die verdreckte Matratze übersieht und vergißt, daß sich in aller Frühe einer der vier Stäbe, die das Moskitonetz halten, löste und die ganze Konstruktion zusammenbrach, ist es sogar ausgesprochen gemütlich.

Ich kenne jedenfalls weitaus schlimmere Zimmer, ich muß gestehen, mir hat es gefallen – Afrika live.

Außerdem hatten wir das unverschämte Glück, zu dritt zwei Laken zu bekommen. Die Wände waren ehemals weiß getüncht, eine hellblau gestrichene Tür und ein glasloses Fenster mit einer Art Holzverschalung, die man mit einem Stab hochklappen kann. Schon flutet Sonnenlicht herein. Herz, was willst du mehr?!

Das Klima allerdings macht uns zu schaffen. Kein Wunder: In wenigen Stunden von der Winterkälte Europas nach Zentralafrika – wir benötigen einfach einige Tage zur Akklimatisierung. »Mensch, hier hat es ja schon um halb neun 35 Grad und bestimmt 80% Luftfeuchtigkeit! Außerdem liefern sich hier die Kakerlaken Kämpfe!« mosert Peter, dem das Klima an die Nerven geht. »Erwartest du etwa für den Zimmerpreis Stierkämpfe?« gebe ich zurück. »Was meinst du, wie es im Urwald wird?«

Auch mir macht das Klima zu schaffen, aber das ist in den ersten Tagen völlig normal, der Körper muß sich erst den klimatischen Verhältnissen anpassen. Wir sitzen über unseren Karten und tüfteln gerade die Möglichkeiten aus, nach Süden, Richtung Kongo zu gelangen. Zu allererst aber müsen wir Bargeld haben, und zwar hier gültiges. Auf die Leute von der Bank bin ich stinksauer, denn mein Geld gilt zwar noch für den Tschad, Niger und Nigeria, aber nicht für die Zentralafrikanische Republik oder für den Kongo – achthundert Mark in nicht gültiger Währung…

»Weißt du, was die Afrikaner mit dir machen, wenn du irgendeine Dienstleistung in Anspruch nimmst, zum Beispiel ein Auto mietest und dann nicht zahlen kannst?« fragt mich Peter mit bitterbösem Blick. Nein, aber ich kann es mir lebhaft vorstellen… Ralf bekam mittlerweile heraus, daß die Banken heute geöffnet haben.

Das muß ausgenutzt werden! Einer von uns muß nach Bangui in die Stadt, um die nutzlose Währung in hier gültige CFA-Franc zu tauschen.

Die Wahl fällt – wie soll es anders sein – auf unseren Französisch-Fachmann Ralf.

»Centre d'Accueil« mit »Saloon« und den berühmten Toiletten

Ich plane die nächsten Schritte

Zuerst wollte ich mit, dann aber blieb ich hier, da sich herausstellte, daß wir das Zimmer in den nächsten Stunden verlassen müssen, wir werden umquartiert. Wohin, weiß man an der Rezeption natürlich noch nicht. Man hat Zeit. Viel Zeit. Und das Gepäck wollten wir natürlich nicht aus den Augen lassen.

Das sicherste für Ralf wäre ein Taxi bis zum hiesigen Geldinstitut, raus aus dem Auto, rein in die Bank, wechseln, rein ins Fahrzeug, zurück auf den Campingplatz.

»Könnte höchstens noch sein, daß dir der Taxi-Fahrer eins überzieht, aber du wirst das Kind schon schaukeln, Ralf!« klopfte Peter grinsend dem Partner auf die Schulter. Ralf geht los, ich marschiere zur Rezeption und erkundige mich mit Händen und Füßen, wann wir denn wohin umziehen sollen.

Endlich ist alles klar.

Wir bekommen ein Ein-Bett-Zimmer und ein Doppelzimer.

Peter und ich schleppten das Gepäck in die Behausung, allerdings bekomme ich trotz mehrmaliger Anfrage weder Moskito-Netz noch Laken – nichts zu machen.

Dann eben nicht. Wozu habe ich einen Schlafsack dabei?

Peter möchte mit Ralf ins Doppelzimmer, ich spanne mein eigenes Moskitonetz über mein Bett. Wir gehen in den »Saloon«, ein aus Holz errichtetes größeres Haus, in dem sich auch die Rezeption befindet und diskutieren über die Weiterfahrt.

Schließlich kommt auch Ralf, der CFA-Umtausch hat geklappt. Sogar zum Kurs 1 : 1. Prima, freuen sich Peter und ich, das ist doch schon was. Bis uns Ralf eröffnet, daß ihn der Taxifahrer – offenbar als Ausgleich für den geglückten Geldwechsel – kräftig übers Ohr gehauen hat. »Hier wirst du an allen Ecken und Enden gelinkt!« kommentiert er die Sache und holt sich eine große Limonade. »Hör mal,« spreche ich ihn an, »ich habe Christine ken-

nengelernt, eine Deutsche. Sie ist mit einem Berliner verheiratet, dem auch der Land Rover draußen gehört; ich habe sie gefragt, ob uns ihr Mann – er ist momentan in der Stadt – gegen Entgelt Richtung M'Baiki fahren könnte. Das wär' doch was, dann bräuchten wir nicht nach einer anderen Verbindung Ausschau halten.«

»Und was hat sie gesagt?« möchte Ralf wissen.

»Ich soll warten, bis ihr Mann wieder da ist und einmal mit ihm sprechen,« gebe ich ihm zur Antwort.

Es geht auf Mittag zu, Hunger verspürt keiner von uns. Wir liegen fast in den wackeligen Holzstühlen, darauf bedacht, jede unnötige Bewegung zu vermeiden.

Ab und zu kommen Afrikaner herein und trinken Limonade oder Bier – die Mittagshitze kommt.

Wir kümmern uns noch einmal um Laken und Moskito-Netze, Peter und Ralf erhalten tatsächlich beides, mir teilt man mit, daß man keine mehr habe, was ich sogar glaube.

Was soll's, denke ich mir, schließlich habe ich einen kleinen Gecko im Zimmer, der kann sich ja um die Insekten kümmern. Das Rumsitzen ödet mich an, ich mache mich auf, das Gelände zu inspizieren. Der kombinierte »Hotel-Camping-Parkplatz« entstammt zweifelsohne einem europäischen Gedanken.

Der »Saloon« (welch ein Name) besteht aus einem mit verflochtenen Palmwedeln und Well-Blech überdachten Gebäude, dessen Seitenwände aus Holzstäben mit mehreren Zentimetern Abstand zueinander bestehen – selbstverständlich bunt lackiert. Ein riesiges Schild über dem Eingang verrät auch sofort die Bedeutung des Baus.

Gegenüber liegt ein kleiner, weißer Bau mit einigen Zimmern und den hiesigen Toiletten und Duschräumen, letztere nach Männlein und Weiblein getrennt. Die Toiletten sind sehenswert: Im Prinzip die gleiche Ausführung, wie man sie überall in den ehemaligen Kolonien Frankreichs und Afrika findet. Zwei Steine zum draufstellen und in

68

die Hocke gehen, das quadratische Becken selbst fällt zur Mitte hin schräg ab und endet in einem Loch. So weit, so gut. Das Interessante an der Sache sind die darin enthaltenen Würmer. Mehrere Zentimeter lange, ockerfarbene Würmer, die ständig in Bewegung sind und stark an vergrößerte Tubifex-Würmer erinnern. Überall wabbelt es, ein einziges, ineinanderverschlungenes Gewimmel in einer breiigen, beigefarbenen, aus Urin, Kot und Wasser bestehenden Masse. Wie ich später erfuhr, werden diese Würmer ab und zu herausgeholt, mit Wasser abgespült und auf dem Markt verkauft – zum Essen...

Im Gegensatz zu vielen anderen Toiletten aber existiert eine Wasserspülung, was das beschriebene Manko wieder wettmacht... Drei Toiletten nebeneinander, gegenüber befinden sich die Duschen, ebenfalls durch Mauern getrennte Räume. Türen sind duch einen Plastikvorhang ersetzt, was die Frage, ob eine Toilette besetzt ist, immens erleichtert, braucht doch der Interessent nur den Vorhang kurz wegzuschieben, murmelt ein fröhliches »Pardon!« und stört dann den Nebenmann bei der Erledigung eines dringenden Bedürfnisses.

Logisch, daß sich an diesem Ort die einheimischen Fliegen besonders wohl fühlen und zusammen mit den ansässigen Kakerlaken wahre Fressorgien feiern.

Schräg vor dem Ein- und Ausgang des »Saloons« schließt eine große Wiese an, die als Campingplatz, Zeltlager und Schlafplatz dient. Ebenso zum Wäscheaufhängen, als Parkplatz für Lkw's und andere Expeditionsfahrzeuge sowie für Feuerstellen oder zum Kochen. Links steht eine separate Steinhütte mit zwei Doppelzimmern. Wendet man sich nach oben Richtung Piste, sind hinter dem »Saloon« noch mehrere Zimmer und Duschen.

Daran schließt sich eine Art separates Café-Restaurant an, in dem man von Limonaden über Zigaretten, Bier und Kaffee bis hin zu Croissants alles mögliche erwerben kann. Die Speisekarte reicht von Hund über Omelette natur bis hin zur Würgeschlange. Dieses Haus ist ebenfalls ein aus Holz und Beton bestehender Bau, an dem sich eine große Wiese mit mehreren verteilten Tischen und Holzstühlen anschließt. Zwei mit getrockneten Palmwedeln bedeckte offene Rundhütten und mehrere Palmen ergänzen die Einrichtung.

Ich spazierte also gemütlich umher und genehmigte mir ein gut gekühltes Bier; gebraut in der Zentralafrikanischen Republik in der üblichen Flaschengröße 0,675 Liter.

Bis jetzt ging eigentlich alles glatt und für afrikanische Verhältnisse lief sogar alles wie am Schnürchen. Ich plane die einzelnen Schritte, die wir als nächstes angehen müssen, trinke ab und zu von meinem Bier und mache meine Tagebuch-Eintragungen. Ich bin zufrieden...

BANGUI

»Hier ist alles katastrophal: Die Straßen, das Militär, die Slums, der Markt – die ganze Stadt, aber immer noch Gold gegen Lagos!« meint Wolfram, Christines Mann, als wir im »Saloon« zusammensitzen.

Wolfram ist in unserem Alter. Von Berlin aus fuhr er mit seinem Land Rover über Algerien nach Nigeria und über den Tschad in die Zentralafrikanische Republik.

Seit 11 Tagen hängen sie nun in Bangui fest: Wolfram, Christine, ihr vierjähriger Sohn Sebastian und Buschhund »Winni«, den sie in Lagos vor dem Kochtopf retteten.

Nun wollen sie zurück. Am liebsten mit der nächsten Maschine Richtung Europa, aber wie in Afrika üblich, ist dieses Vorhaben mit etlichen Problemen verknüpft: Erstens fliegt die nächste billige Maschine erst Ende März, zweitens hat Wolfram Sorgen mit der Deutschen Botschaft in Bangui, da sich der Kanzler standhaft weigert, einen Abstellplatz für dessen Land Rover zur Verfügung zu stellen. Außerdem sind ihre finanziellen Mittel langsam erschöpft und Wolfram wartet auf Devisen aus Deutschland.

Thomas, BMW-Motorrad-Fahrer aus Deutschland hat ähnliche Probleme: Kein Geld mehr, um weiter- oder zurückzufahren und die Sorgen, was er wohl für seine Maschine bei Aufgabe als Flugfracht-Gepäck zahlen müßte.

Bliebe noch Fritz, ein Österreicher, der es aber schon geschafft hat, einen Platz in der begehrten Boeing zu ergattern und morgen zurückfliegt.

Die allgemeine Stimmung ist dementsprechend und gemeinsam ist das Ziel, Bangui so schnell wie möglich zu verlassen: wir nach Süden, die anderen nach Norden...

»Wie sieht's hier aus mit Touristen?« erkundige ich mich bei Wolfram.

»Tourismus kannst du hier vergessen. Bangui hat etwa 600.000 Einwohner, die größtenteils in slumartigen Wellblech- und Holzbaracken dahinvegetieren. »Einen Campingplatz,« er zeigt mit dem Zeigefinger zu Boden, »und drei Hotels in Anführungszeichen. Das war's. Ab und zu kommen Allrad-Fahrzeuge von Abenteuerreisen-Veranstaltern hierher, wie die Engländer, die gestern hier ankamen. Die meisten durchquerten die Sahara. Entweder die Jungs fahren weiter, oder sie fliegen von hier aus zurück – was will man auch in Bangui?«

Er hat Recht.

Bangui als Stadt bietet nichts. Die heutige Hauptstadt der Zentralafrikanischen Republik entstand als Militärposten, Hafen und Handelsstadt an jenem Punkt des Ubangi-Flusses, wo Stromschnellen der Schiffahrt von Brazzaville her ein Ende setzten.

1889 gründeten Alfred Uzac und Michel Dolisie mit 9 Senegalschützen, 5 Handwerkern und 8 Helfern den Militärposten Bangui, bestehend aus einem Dutzend Lehmhütten und umgeben von einem Palisadenzaun.

5 Jahre später entstand in der Nähe der katholischen Missionsstation Saint-Paul-des Rapide. 1906 wurde Bangui zum Sitz des stellvertretenden Gouverneurs von Oubangui-Chari – Tschad, womit sich der Militärposten in eine Stadt umzuwandeln begann. Viele französische Beamte und Soldaten betrachteten eine Versetzung nach Bangui als eine Strafmaßnahme, denn die Post, Warensendungen und Personenbeförderung benötigten von Marseille, bzw. Bordeaux bis Bangui vier Monate.

Das änderte sich erst mit der Einführung des Flugverkehrs, bzw. nachdem Kamerun französisch geworden war.

Bangui selbst wird von Polizei und Militär beherrscht. Im Zentrum der Stadt gibt es einige asphaltierte Straßen, der Rest besteht aus Pisten, die während der tropischen Regengüsse oft unter Wasser stehen. Schlaglöcher und Wellblech wechseln sich ab, was aber den gewagten Fahrstil der Einheimischen in keinster Weise behindert. Hupend, schimpfend und grüßend bahnt man sich den Weg mit seinem Vehikel durch die Menschenmassen, stets der festen Überzeugung, daß man die angegebene Zuladung seines Fahrzeugs leicht um das Doppelte überschreiten kann – Hauptsache, es fährt. So sieht man dann auch die abenteuerlichsten Vehikel und aufgrund fehlender Devisen und ständigem Ersatzteilmangel hilft man sich selbst. Ein technischer Überwachungsverein ist logischerweise völlig unbekannt, man behilft sich mit den unglaublichsten Konstruktionen. Trotz allem gibt es relativ wenig Fahrzeuge in Bangui, der größte Teil der Bevölkerung lebt am Rande des Existenzminimums – Armut, wohin man hinsieht.

Gegessen wird fast alles: Affe, Schlange oder Gazelle, um nur einmal einige exotische Nahrungsmittel aufzuzählen.

An den Straßen und Pisten fielen mir kleine, aus alten Brettern zusammengezimmerte Mini-Ver-

Auch auf Bäumen wachsen Farne

kaufsstände auf, oft nur aus einem wackeligen, alten Tisch bestehend. Das Warenangebot war fast immer das Gleiche: Verschiedengroße Flaschen mit einer hellen oder dunkleren Flüssigkeit. Des Rätsels Lösung lautete schlicht und einfach: Sprit in Flaschen – nullkommafünfliterweise... Verkauft wird alles, was irgendjemand irgendwann einmal gebrauchen könnte. Am kleinen Markt, der am Rande einer rotbraunen Piste liegt, erhält man von Früchten über Backwaren, Zigaretten, Limonade und Bier bis hin zu gebratenen Hunden, Obst und Brot einfach alles.

Oft versucht man, weiße Besucher des Landes übers Ohr zu hauen, indem man ein mehrfaches gegenüber dem regulären Preis für Afrikaner verlangt. Auch kleinere Steine fliegen schon mal ab und zu Richtung »Ogger« – so nennt man oft die Weißen. Die Abneigung ist verständlich, wurden die Zentralafrikaner oft genug von Weißen unterdrückt und ausgebeutet. Wenngleich man selbst doch im Grunde nichts dafür kann, und einen die entgegenbrachte Ablehnung, oft sogar Agressivität gewaltig stört, muß man sich eben die Vergangenheit einmal vor Augen halten.

Geistiges Verständnis bringt man solange auf, bis einem etwas Wichtiges gestohlen oder man gewaltig betrogen wird.

Danach allerdings paßt man auf und vermutet in der Stadt von jedem zu allererst das Schlechteste, eine normale Reaktion in der Hoffnung, angenehm überrascht zu werden.

Diebe haben in Bangui Hochkonjunktur und gehen mit einer für unsere Verhältnisse unglaublichen Frechheit vor. So hatte Wolfram seinen Land Rover auf einer belebten Straße geparkt, um kurz einmal in ein Büro zu gehen. In dieser Zeit wurden drei Benzinkanister demontiert, und einige Afrikaner machten sich bereits am Ersatzreifen zu schaffen.

Wir hatten ja bereits auf dem Weg vom Flugplatz in die Stadt gemerkt, wie schnell man alles los sein kann, und so wunderte uns Thomas' Geschichte nicht: »Ich fahre mit der BMW in die Stadt und stehe mitten auf einer Kreuzung. Schon kommen zwei Jungs und wollen meine aufgesetzten Beintaschen öffnen – die Tasche, in der ich meine gesamten Dokumente, Devisen und Papiere habe. Andere Leute sahen den Vorgang, kümmern sich aber herzlich wenig darum.« Passiert ist nichts, Thomas verjagte die beiden Burschen. Auch unter den Augen der Polizei spielen sich derartige Szenen ab, und als ich zu einem späteren Zeitpunkt auf der Deutschen Botschaft war, erfuhr ich vom Botschafter selbst, daß er sein Werkzeug im Mercedes mit Eisenketten gesichert habe. Trotz Standarte und Ketten wurde auch er schon wiederholt bestohlen, mitten im belebten Straßenverkehr.

Eine Attraktion allerdings gibt es in Bangui: Das »New Palace«. Hinter diesem klangvollen Namen verbirgt sich ein gut florierender Bordell-Betrieb in einem noch von den Franzosen erbauten Gebäude.

Einige Stufen führen auf eine Art Veranda, die großen Türen des Gebäudes stehen tagsüber offen. Betritt man den Raum, fallen einem die großen, alten Deckenventilatoren ins Auge, an den Wänden befinden sich hohe Spiegel. Alles sieht etwas heruntergekommen aus, Tische und Stühle sind im Raum verteilt, und den hinteren Abschluß bildet eine lange Bar.

Spätestens jetzt merkt der Besucher, daß der Name »Neuer Palast« etwas hochtrabend ist...

Aber: Es gibt gekühlte Getränke zu wirklich vernünftigen Preisen. Und es geht locker zu im »Palace«: vom weißen Geschäftsreisenden bis zum schwarzen Andenkenverkäufer ist alles vertreten, und im Prinzip fehlt nur noch Humphrey Bogart, um dem Ganzen den »Casablanca-Touch« zu verleihen.

Als wir eines Mittags das Gebäude betreten, um vor der Schwüle der Straße zu flüchten, finde ich die ganze Aufmachung auf Anhieb gemütlich –

trotz des Gewerbes, das hier offenbar völlig legal ausgeübt wird.

Wolfram erwähnte bereits, welch alte Zunft hier mit Eifer betrieben wird, und ich betrat das Haus mit gemischten Gefühlen. Nun aber bin ich trotz allem positiv überrascht: Hier herrscht nicht die übliche, primitive Anmache wie in sonstigen Etablissements, sondern das Gegenteil ist der Fall.

Wenn ich nicht wüßte, was hier abläuft, käme ich gar nicht auf den Gedanken, in horizontalen Linien zu denken.

Einige Mädchen sitzen an Tischen, unterhalten sich, plaudern an der Bar oder stellen sich unauffällig in Pose, um die Herren der Schöpfung zu Geldausgaben zu verleiten.

»Das ist hier völlig normal,« sagt Wolfram, der ja schon eine vierzehntägige Bangui-Erfahrung hat.

»Ich glaube, die Mädels machen das auf eigene Rechnung, eigentlich schade, das Ganze, aber was sollen sie sonst machen?«

In Afrika hat man in dieser Hinsicht ohnehin eine andere Auffassung als bei uns und ich sehe dem Ganzen interessiert zu. Es handelt sich um Mädchen verschiedener Stämme, die sich hier anbieten. Es wird gelacht, geschwätzt und auch schon mal ein Einheimischer auf der Straße angesprochen. Männer und Frauen begrüßen sich wie alte Freunde, meist mit Handschlag und alles scheint hier ruhig und gemäßigt zuzugehen.

Teilweise sehe ich negroide Typen, dann mehr europäische Gesichtszüge; in jedem Fall möchte ich den Großteil der anwesenden Mädchen als ausnehmend hübsch bezeichnen, die vertretenen Hautfarben reichen von einem dezenten Hellbraun bis hin zu tiefschwarzen Körpern.

»Du bist noch immer Junggeselle, Wolfgang,« grient Peter zu mir, »Wie wär's, wenn du hier seßhaft werden würdest, vielleicht fühlst du dich hier ganz wohl, und...«

Weiter kommt mein Freund nicht, da ich ihm einen scharfen Blick über den Tisch zuwerfe.

»Du hast keinen Sinn für schwarze Ästhetik!« sage ich seufzend in gespielter Verzweiflung und wende mich wieder meinem Glas zu. Bettler mit blinden, weißen Augen werden ab und zu von kleinen Jungs in den Raum geführt, meist aber vom Personal sofort vertrieben – die Armut verfolgt einen hier auf Schritt und Tritt. Wenn es in der Hauptstadt schon so ist, wie soll es dann erst im Süden werden, denke ich, als ich einen Bettler betrachte, der in alten Lumpen gehüllt am Fenster vorbeischlurft...

GERÜCHTE-KÜCHE AFRIKA

»Wer nur in Nordafrika war, der kennt Afrika nicht!«

Dieser Satz fiel eines Abends, als wir wieder einmal nichts anderes zu tun hatten, als zu warten – und Erfahrungen auszutauschen. Es gibt unter Reisenden zwei Arten von Geschichten: Die, die man selbst erlebt und die, die man von Dritten, von anderen Travellern gehört hat.

Von den Erzählern muß man auch wieder zwei Kategorien unterscheiden: Diejenigen, die klar und sachlich ihre Erlebnisse dokumentieren und die anderen, die sich selbst als einsame Helden unter tropischer Sonne deklarieren.

Ich hatte das Glück, Leute der ersten Kategorie zu treffen, die klipp und klar sagten, wo sie dabei waren, was sie selbst erlebt hatten und welche Geschichten sie von anderen Reisenden erfahren hätten; und dann auch anhand des Erzählers den Unterschied zwischen Sprücheklopfern und nüchternen Berichterstattern erkannten. Denn Afrika bietet reichlich brisanten Stoff.

Egal ob es sich um politische Ereignisse, Kriegsschauplätze oder Vergehen gegen die Menschenrechte handelt. Und wer nicht selbst dabei gewesen ist oder sich auf zuverlässige Informationen berufen kann, glaubt oft, seinen Ohren nicht zu trauen.

Wobei es sich weniger um Reiseabenteuer-Geschichten handelt, sondern meist um innen- und außenpolitische Geschehnisse.

Geschichten, die weitererzählt werden, entweder um andere Reisende mit dem gleichen Reiseziel zu warnen und Tips zu geben oder um sich einfach einiges von der Seele zu reden.

Die Überschrift »Gerüchte-Küche Afrika« also deshalb, um beim Leser nicht den Verdacht der Verbreitung von Horror-Stories zu erliegen. Und auch deshalb, da ich außer zuverlässigen Berichten keine Beweise in den Händen habe. Nur Erzählungen von Leuten, denen ich aber – auch aufgrund eigener Erfahrungen – Glauben schenke.

Horror-Thema Nummer Eins: Knast-Zustände.

Zum Beispiel Lagos. Auf einigen Quadratmetern sind etwa 30 Leute zusammengepfercht. Weißen Inhaftierten wird eine besondere Gunst zuteil – sie bekommen einen separaten Quadratmeter zugewiesen. Auf dem die Eingesperrten ihre Notdurft verrichten...

Läßt man einmal die dort herrschenden Gerüche beiseite und vergißt die sich automatisch ergebenden Furunkel, Abszesse und Krankheiten, so hat man genug mit seiner Verpflegung zu tun. Die wird zweimal in der Woche in Gestalt einer toten Ziege in die Zelle geworfen. Die stärksten vorderen Gefangenen verkaufen die rohen Fleischstücke an die hinteren Häftlinge.

»Außerdem mußt du eine Art Aufenthaltsgebühr für jeden Tag entrichten«, bekam ich zu hören. »Schläge und Folterungen sind ohnehin an der Tagesordnung, und wie mir berichtet wurde, hat man schon weiße Häftlinge nach 12 Tagen Aufenthalt herausgeholt. Auf dipomatischem Wege. Hatte nur einen Nachteil: Die 12 Tage reichten vollkommen aus, um bei Inhaftierten bleibende psychische und physische Schäden zu hinterlassen – die waren fertig!« bekam ich von verschiedenen Seiten zu hören. Und im Bau landet man dieserorts schneller, als man sich oft vorstellen kann.

Oder Josef, ein Österreicher, den ich später kennenlernte. Josef, Mitte Vierzig, unterwegs mit Fahrrad, als Tramp oder auf der Piroge, ist seit Monaten dabei »Afrika hautnah« kennenzulernen.

So geriet er in die Hände der Tschad-Rebellen, womit man ihm einen 14-tägigen Zwangsaufenthalt bescherte. Der Grund dafür war simpel. Er fuhr zu dieser Zeit in einem Geländewagen anderer Reisender mit. Da die Rebellen über einen chronischen Fahrzeugmangel verfügen, wurde das Fahrzeug von den Bewaffneten kurzerhand angehalten, die Insassen einkassiert und das Auto zwei Wochen lang für Patrouillenfahrten von den Soldaten benutzt.

Die Besitzer hatten Glück – keine Repressalien. Sie bekamen ihr Fahrzeug nach 14 Tagen wieder hingestellt und sollten weiterfahren. Allerdings war der Tank mittlerweile leer, ebenso die Reservekanister und Sprit, den mochte es vielerorts geben, dort jedenfalls nicht... Auch Hilfsbereitschaft kann einem unter Umständen teuer zu stehen kommen: So schleppte Wolfram mit seinem Rover einen BMW-Fahrer ab, der eine Panne hatte – 300 Kilometer am Seil hinter dem Wagen. Es handelte sich um Thomas. Eine Militärstreife nahm sie fest. Begründung: Man hätte mit dem Seil nach dem Abzuschleppenden – Thomas – geworfen und außerdem versucht, mit dem Strick die Kontrollierenden zu bedrohen. Eine horrende Strafe oder wahlweise ein Gefängnisaufenthalt wurden angedroht, und erst auf der Kommandantur konnte Wolfram das Ganze für sich entscheiden.

Das Ausdenken irgendwelcher, an den Haaren herbeigezogener Vergehen gegen nicht existierende Gesetze gehört zu den Spezialitäten von Militär und Polizei, und wehe, man läßt es an gebührendem Respekt den Behörden gegenüber mangeln...

Bei einem Militärputsch in einer Großstadt Zentralafrikas beispielsweise bekam die Deutsche Botschaft einen Telefonanruf der Revolutionäre. Man

Ein Tropengewitter kündigt sich an

Bananenstaude. Natur pur...

Selbstbedienung ohne Kassenzettel:
Ananas

75

sollte doch einmal durch ein gewisses Fenster auf die Straße sehen, wurde mitgeteilt.

Der Anblick aber war nicht gerade dazu angetan, Heldenepos aufkommen zu lassen. Dort nämlich stand ein Kampfpanzer und richtete gerade sein Rohr direkt auf die Botschaft ein. Ein Rückruf ergab, daß man tunlichst die Botschaft räumen sollte, bevor sich der Panzerkommandant zu irgendwelchen, nicht wieder gutzumachenden Handlungen entschließen würde ...

In Nigeria wurde der Hausmeister einer Botschaft von einem Militär-Kommando derart zusammengeschlagen, daß er mehrere Monate in einem deutschen Krankenhaus zubringen mußte.

Der Grund: er hatte eine Einheimische geschwängert.

Militäraktionen halten sich selten an Bestimmungen wie Souveränität oder Diplomatenstatus und die Liste »versehentlich« Erschossener ist lang.

Beispiel: Ein Überfall von zwei Einheimischen auf ein Geschäft. Die Täter entkamen. Um der Bevölkerung aber das rasche Eingreifen und die schnellen Ermittlungen des Regimes präsentieren zu können, greift man sich zwei Personen und stellt diese kurzerhand an die Wand. Schließlich braucht man Täter ...

Mittags auf offener Straße steigt ein Motorradfahrer gemütlich von seiner Maschine, reißt die Beifahrertür eines Personenwagens auf und erschießt den Fahrer. Anschließend raubt er Geld, Dokumente und persönlichen Besitz und setzt sich wieder auf seine Maschine. Obwohl überall Autos, Polizei und Passanten sind, wird der Vorfall nicht beachtet – man sieht geflissentlich darüber hinweg.

Lagos beispielsweise wird von Banden und Militär kontrolliert. Die Millionenstadt ist nachts tot, ausgestorben.

Weil sich keiner auf die Straße wagt. Überfälle, Morde und Vergewaltigung sind an der Tagesordnung. Wenn Ausländer zum Einkaufen gehen, werden sie begleitet – von Leibwächtern ...

Schußwaffen verschiedenster Bauart haben europäische Arbeitnehmer ohnehin hinter ihren vergitterten Fenstern zuhause. Und auch reichlich Munition.

Das Grauen wird noch größer, wenn man erfährt, wie die verkrüppelten, bettelnden Kinder zustande kommen. Es handelt sich nicht etwa um körperlich Behinderte. Nein, da wird seitens der Eltern nachgeholfen, um eine möglichst mitleidserregende Optik zu schaffen. Knochenbrechen oder Verstümmeln der Gliedmaßen von Kindern gilt als »normal«.

Anderes Beispiel:

Wie zwingt man einen Autofahrer zum Anhalten, wenn er auf Straßen und Pisten unterwegs ist? Das Militär mach dies mit Stacheldraht und Straßensperren, in der Wildnis versperrt ein Baum die Piste und in der Stadt wirft man eben ein kleines Kind auf die Straße ...

Wer anhält, muß damit rechnen, ausgeraubt und schwer mißhandelt zu werden, und bezahlt seine Menschlichkeit unter Umständen mit seinem Leben, wer weiterfährt ...

Erschießungen sind an der Tagesordnung und in einer Stadt in Nigeria wurde die Knallerei mit der Zeit als störend empfunden. Nun erledigt das Ganze ein Bulldozer an einer großen Steinmauer.

In einer Stadt, in der täglich viele Menschen sterben oder es aufgrund anderer Tatsachen etliche Tote gibt, muß man sich fragen, wohin mit dem ganzen menschlichen Abfall, der ja durch die Sonneneinstrahlung recht schnell verwest.

Man könnte die Leichen vergraben, aber dies würde wieder eine Planung und Organisation brauchen, Weisungsberechtigte und Ausführende benötigen.

Man »behilft« sich anders: Leichen auf Straßen bleiben vielerorts einfach liegen. Da ein reger Verkehr herrscht, sieht der Tote schließlich wie ein auf bundesdeutschen Autobahnen überfahrener Karnickel aus, das man drei Tage liegenließ ...

Oder aber man wirft die Toten in einen Fluß und läßt sie flußabwärts treiben. Aufgrund der Leichenfledderei sind die ohnehin nackt, und die Ratten in diesem Gebiet sollen eine auffällige Größe erreichen.

Wie ich mir hierzulande einen Hund kaufe, so kann ich mir in einigen zentralafrikanischen Ländern einen Menschen kaufen. Ist der Preis ausgehandelt, ist es dem »Verkäufer« egal, was mit der Ware »Mensch« geschieht. Es gibt ausreichend Perverse, Sadisten, Sexgierige und ... Hungrige – und ich möchte an dieser Stelle nicht ins Detail gehen. Schrumpfköpfe kann man anhand lebender Kinder vorbestellen, die Ware wird einige Tage später geliefert.

Und sollte es einem nach Frauen gelüsten, so ist auch das kein Problem: für umgerechnet etwa 2 Mark kann man sich mit einem jungen Mädchen in die Büsche verziehen – aller Moralverpflichtungen enthoben.

Bliebe noch zu bemerken, daß viele Entwicklungsgelder zu Militärregimen und Polizei fließen; die Bevölkerung kann getrost krepieren, wen stört das schon, die Geburtenziffer ist schließlich entsprechend hoch – Menschenmaterial ist also ausreichend vorhanden, der »Nachschub« gesichert.

Dies waren nur Beispiele. Sicherlich extreme und keine schönen Berichte, aber ich nehme auch nicht an, daß irgendein »Afrika-Safari-Veranstalter« derartiges in seine farbigen Reiseprospekte aufnehmen möchte ...

»CADEAU, MONSIEUR, CADEAU!«

Peter ist wütend, Ralf und mich nervt das Ganze auch. »Cadeau, Cadeau, Cadeau! ich kann's schon nicht mehr hören!« brummt Peter. Cadeau, zu deutsch Geschenk, ist ein geflügeltes Wort in Zentralafrika, das jeder Einheimische kennt. Zivilisten ebenso wie Militär und Polizei.

Ohne Cadeau geht nichts – zumindest wenig.

Nun ist es aber so, daß man unmöglich zwei Rucksäcke voller »Cadeaus« mitschleppen kann. Durch frühere Afrika-Reisen informiert, hatte ich aber sechs Billig-Digital-Uhren und fünf Messer dabei. Erstere waren für Polizei und Militär bestimmt, die Messer für Einheimische und Naturvölker im Busch.

Irgendwann allerdings waren die Uhren verbraucht, wir mußten uns also genau überlegen, wem wir eine Armbanduhr geben und wem nicht. »Nur very important persons,« sagte ich zu Ralf. »Etwa bei Militärkontrollen, wo wir durch müssen, zur Genehmigung der Weiterfahrt oder als letzten Ausweg bei Gefängnis-Androhung.«

Später würden wir unsere teueren Seiko-Uhren ohnehin austauschen, zumindest in Landstrichen, in denen wir mit Militär und Polizei rechnen müßten. Und es macht sich immer gut, wenn man die Uhr, die man selbst am Handgelenk trägt, verschenkt – der Wert des Geschenks wird dadurch automatisch erhöht.

Einen Nachteil freilich hatte das Ganze: Was tun, wenn derjenige keine Uhr will, sondern beispielsweise auf etwas anderes besteht! Zum Beispiel auf einen Ausrüstungs-Gegenstand, von dem man sich nicht unbedingt trennen möchte?

Dann hilft nur abwägen.

Was ist wichtiger? Der Ausrüstungs-Gegenstand oder die Scherereien, die man anschließend bekommt; derartiges kann man nur vor Ort entscheiden, das Problem muß von Fall zu Fall individuell gehandhabt werden, darüber waren wir uns klar.

Daß manche Einheimische in der Stadt vor nichts zurückschrecken, merkte ich, als man auch meinen Mini-Recorder als Cadeau forderte. Nicht darum bat, wohlgemerkt, sondern auf die Herausgabe bestand.

Da dies aber keine gefährliche Situation war, verweigerte ich die Übergabe und machte deutlich, daß dies unmöglich wäre. Glück gehabt – man akzeptierte meine Erklärung.

In den Slums bei Nacht und Nebel aber hätte ich den Recorder mit Sicherheit »verschenkt« – wer hängt nicht an seiner Gesundheit?

Ich ging im Geiste schon mal sämtliches entbehrliches Material durch und merkte mir den jeweiligen Aufbewahrungsort, um im Bedarfsfall zu wissen, was man an Bestechungs-Geschenken geben konnte.

Wichtig ist hierbei ein freundliches Gesicht – und wenn einem der »Beschenkte« noch so arrogant und frech ins Gesicht grinst (ich spreche hierbei wohlgemerkt nicht von freundlichen, hilfsbereiten Afrikanern, die man trotz allem sehr häufig trifft).

Denn meistens bittet derjenige nicht darum, sondern fordert. Bei Polizei und Militär macht man also gute Miene zum bösen Spiel und überreicht entweder freundlich lächelnd das Gewünschte, oder aber man macht bestimmt, aber höflich deutlich, daß man auf dies oder das nicht verzichten kann.

Und ob man vielleicht ein anderes, für den Herrn sicher nicht weniger interessantes Cadeau überreichen kann! Oft zeigt man diesbezüglich Verständnis, oft aber auch wird von der ursprünglichen Forderung keinerlei Abstand genommen.

So unschön das alles ist, man sollte sich immer vor Augen halten, daß wir als Europäer für die Bevölkerungsschicht unermeßlich reich sind. Auch wenn wir verschwitzt und verstaubt irgendwo ankommen und uns erschöpft auf einen wackeligen Holzhocker fallen lassen. Denn schließlich sind wir »Touristen«, können uns einen Flug von Europa nach Afrika leisten oder besitzen ein Fahrzeug. Ob man zuhause den Trip, das Unternehmen mühsam zusammensparte, interessiert niemanden.

Und wenn man diesbezüglich einmal ganz ehrlich ist, geht es uns selbst als armer Schüler, Student, als »ausgebeuteter« Arbeitnehmer oder Arbeitsloser noch wirklich gut – verhungern wird hierzulande kaum jemand. Es ist eben ein gewaltiger Unterschied, ob ich mir im hiesigen Kaufhaus ein Hemd kaufe, weil es mir gefällt, oder mit einem schäbigen, zerrissenen Pullover herumlaufen muß, ganz einfach, weil ich mir keinen anderen leisten kann...

Ich möchte nicht wissen, was oft in den Köpfen Einheimischer vorgeht, wenn diese sauber gewaschene, gut gekleidete Europäer betrachten, die mit Kompressor-Kühlschrank und Expeditions-Land Cruiser durch die Lande kurven und alleine im Fahrzeug Dinge haben, die sich der Betrachter im Leben niemals leisten kann.

Dies ist ein sozialer Unterschied wie Tag und Nacht und ich kann Diebe und Überfälle oft sogar verstehen, wenngleich nicht akzeptieren.

Zudem wurde man nicht in das Land hergebeten, man fährt auf eigene Gefahr und eigenes Risiko dorthin.

Im Prinzip nichts anderes, als wenn man bewußt durch berüchtigte Drogen- und Zuhälterviertel in deutschen Großstädten spaziert und sich hernach darüber beschwert, daß man zusammengeschlagen und beraubt wurde.

Nur mit dem Unterschied, daß hierzulande oft weniger die Geldgier, sondern sinnlose Brutalität hierfür den Ausschlag gibt, während in Entwicklungsländern die Weißen jahrhundertelang ausdauernde Agression und geplante Ausbeutung betrieben haben.

Und Druck erzeugt Gegendruck, das alte Spiel.

Daß man nichts dafür kann, und auch nicht die geringste Lust verspüre, Eigentum und Gesundheit aufs Spiel zu setzen, ist klar.

Aber ich kann versuchen, die Beweggründe und die tiefere Motivation der Bevölkerung für gewisse Handlungsweisen zu ergründen, und wenn ich absolut sicher sein möchte, daß mir nichts passiert, dann muß ich eben zuhause bleiben...

Ich habe auf meinen Reisen weitaus mehr schöne menschliche Erfahrungen und Kontakte erlebt, als negative Begebenheiten, und wenn man sich ein

Armut überall

wenig Mühe gibt, werden die positiven Erlebnisse mit Sicherheit überwiegen.

»Zudem – um einmal vor unserer eigenen Haustür zu kehren – werden »Cadeaus« ja meist nicht aus edlen Gründen gegeben, sondern um ein Ziel zu erreichen, um weiterzukommen oder Sicherheit zu erlangen,« meinte ich einmal zu Peter, als er sich wegen einer »verschenkten« Uhr ärgerte. »Die Sache ist ähnlich wie in Deutschland. Eine Hand wäscht die andere. Geben wir nicht auch oft Geschenke und erwarten dafür heimlich eine Gegenleistung?« »Die Gefahr ist nur die,« meinte Ralf, »daß wir unheimlich aufpassen müssen, daß wir das richtige Wertverhältnis einhalten. Sonst müssen das spätere Reisende büßen – die Forderungen werden immer höher.«

»Und das ist das große Manko bei der Sache. Reisende, die einfach nichts mehr haben, kommen dann später womöglich in die größten Schwierigkeiten, weil sie der Forderung nicht nachgeben können,« brachte nun Peter vor.

Womit er natürlich Recht hatte, aber was sollten wir machen? »Entscheidung von Fall zu Fall nach Gefühl; mit emotionsfreier Logik ist da wenig zu machen,« beschlossen wir und beendeten das Thema »Cadeau«.

FOTOGRAFIEREN VERBOTEN!

»So ein Mist!« fluchte ich vor mich hin, als ich erfuhr, daß in Bangui Fotografierverbot herrscht. Und zwar Absolutes. Wir saßen unter einem Palmdach bei der berühmten Lagebesprechung. »Wie sieht's mit einer Fotografiererlaubnis gegen Bezahlung aus?« wollte ich wissen.

»Vergiß es, Wolfgang!« Wolfram winkte müde ab. »Du kannst zwar einen Haufen Geld bei irgendeiner Behörde locker machen, aber eine Bestätigung, geschweige Erlaubnis bekommst du nie!« Ich wuß-

te bereits vor unserer Abreise, daß beispielsweise in Brazzaville in der Volksrepublik Kongo Fotografierverbot herrscht. »Auch außerhalb ist Vorsicht geboten,« stand da klar und deutlich. Auch in Kamerun hatte man ganz klare Ansichten: »Nicht aufgenommen werden dürfen Flughäfen; sonstige Verkehrseinrichtungen; Gebäude, in denen staatliche Stellen untergebracht sind; Militäranlagen; Motive, die dem guten Ruf Kameruns schaden. Bei Personenaufnahmen sollte man ebenfalls vorsichtig sein; eventuell mit einem kleinen Geldgeschenk bei den Betreffenden die Erlaubnis einholen«. Ende des Zitats.

»Filmen ist nur mit amtlicher Genehmigung erlaubt; Näheres durch die Büros des Office National du Tourisme«.

Naja, nach dem Absprung unseres Kameramanns in Deutschland hatte sich dieser Punkt ohnehin erledigt.

Es handelte sich bei derlei Bestimmungen um regelrechte Auslegungs- und Dehnparagraphen, ganz wie's beliebt.

Und auch die Zentralafrikanische Republik machte da keine Ausnahme, wenngleich von einem Fotografierverbot in den deutschen Unterlagen wenig stand: »Fotografieren: Verboten sind die Aufnahmen von Primature (Présidence), der Paläste, des Flughafens, militärischer Anlagen, *sowie Aufnahmen von unbekleideten Personen. Allgemein ist Vorsicht geboten bei Aufnahmen vom sogenannten »afrikanischen Leben«.«*
Zweites Zitat Ende.

Ich habe noch bei keinem Unternehmen Personen fotografiert, ohne deren Erlaubnis vorher einzuholen, das gebietet allein schon der Anstand und der Respekt vor einer fremden Kultur – und das war auch nicht der Kern des Problems.

Von einem absoluten Fotografierverbot innerhalb der Stadt nämlich hatte ich noch nie gehört, obwohl ich mir mittlerweile darüber im Klaren war, daß die in Deutschland erhältlichen Informationen ohnehin zum Großteil falsch oder unvollständig waren.

»Wie soll ich das Leben hier dokumentieren, wenn ich keine Fotos schießen kann?« fragte ich in die Runde. »Ich möchte nicht das »Heile-Welt-Afrika«, sondern das wirkliche Leben, die Unterdrükkung, die Armut, die allgemeinen Zustände hier!«
»Probier's, doch einfach heimlich,« meinte Wolfram sarkastisch. »Du wirst schon sehen, was passiert. Im übrigen haben sie in Bangui soeben ein modernes Gefängnis gebaut...«

»Unheimlich komisch!« gab ich deprimiert zurück. Was passiert, wenn man beim Fotografieren erwischt wird, war mir nun bekannt. Pro Bild 3000 CFA Strafe, das entspricht etwa 20 Mark. Oder es folgt ein Steinhagel, und man wird zusammengeschlagen. Oder – Möglichkeit Nummer drei und vier – das Militär wird gerufen oder ist zufällig in der Nähe, womit man die Wahl zwischen einer horrenden Geldstrafe oder – bei schlechter Laune der Soldaten – den bereits erwähnten, neu gebauten Knast besichtigen kann.

Aufgrund der dort herrschenden Zustände hatte dafür keiner von uns Interesse... »Und auf dem Land?« wollte Peter wissen, »wie sieht's dort aus?«
Ähnlich, die Sache stand schlecht für unsere Vorhaben. Das größte Risiko stellten die Militärkontrollen dar, sollten sie belichtetes Filmmaterial in die Hände bekommen.

Dieser Gedanke schreckte uns etwas ab, aber mit etwas Glück würde man im Urwald oder von Pygmäen gemachte Bilder bestimmt herausschmuggeln können.
»Und die Kontrolle am Flugplatz?« warf irgendjemand ein.
Richtig, die hatte ich tatsächlich vergessen!
Noch eine Hürde.
Ich veranschlagte soeben unseren Filmvorrat und kam auf über 1400 mögliche Dias. Also circa 28.000 Mark Strafe; unser gesamtes Budget allerdings belief sich nur auf ein Fünftel dieses Betrags.

»Warum haben die uns am Flughafen nicht die Kameras abgenommen?« wollte ich wissen.
»Ist doch klar,« juxte wieder Wolfram. »Sonst können sie doch mit Euch kein Geld mehr verdienen!«
»Du hast doch auch jede Menge Dias,« wandte einer von uns ein. »Du könntest höchstens behaupten, die Motive in anderen Ländern geschossen zu haben, was anderes bleibt dir außer einem freundlichen Lächeln gar nicht übrig.«
»Meinst du im Ernst, das nehmen mir die Jungs ab?« meinte er zu mir gewandt und zog an seiner Zigarette.
Kaum. Die Kontrollierenden würden entweder eine hohe Geld- oder Gefängnisstrafe ansetzen, oder – im günstigeren Fall – das Filmmaterial einbehalten, wie es auch schon öfters passierte. »Die ziehen dir sämtliche Filme aus den Patronen!« meinte auch Peter, »und damit kämen wir noch verdammt gut weg...« Wir überlegten und überlegten.

Die Fotokameras würden mit Sicherheit beschlagnahmt werden, andere Repressalien drängten wir in den Hintergrund, man kann auch übervorsichtig sein...

Schließlich kamen wir überein, auf dem Land die Bevölkerung zu fragen, mit deren Einverständnis zu fotografieren und immer darauf zu achten, daß man keinem mit rotem Barett und getarnten Anzügen versehenen Herrn in die Arme läuft.
»Gedanken über die Strafe können wir uns machen, wenn sie uns erwischt haben – vorher sind ohnehin alle Eventualitäten einfache Spekulationen!« meinten wir zum Schluß übereinstimmend. Und erwischt wollten wir nicht werden...

MILITÄR-AKTIONEN

Wieder schießen Kampfflugzeuge und Transportmaschinen über Bangui nach Norden. Jeden Tag starten fünf Transport-Flugzeuge bis oben hin voll

mit Munition in den Tschad – zu den Regierungs-
truppen.

Das Motiv ist klar. Die Tschad-Rebellen sind Gha-
daffi-treue Kampfverbände, mit dem Ziel, die Regierung zu stürzen. Der Tschad, der im Norden und
Nordwesten an die Zentralafrikanische Republik
angrenzt, besteht aus zwei Lagern; der offiziellen
Regierung und den revolutionären Kampfver-
bänden, die von Libyen unterstützt werden. Mit
Waffen und Munition.

Bei einem Sieg der Rebellen befürchtet die Regierung der Zentralafrikanischen Republik Übergriffe
der Libyen-treuen Truppen. So versorgt sie die Re-
gierungstruppen mit Munition, darauf hoffend,
daß sie die Oberhand behält.

Französische Kampfverbände sind schon seit län-
gerem in Bangui. Alles wartet ab, die wirkliche
Lage erfährt man nicht.

So ist man auf Berichte anderer Reisender ange-
wiesen, die durch die entsprechenden Gebiete
kamen oder Informationen aus erster Hand durch
das Auswärtige Amt oder Botschaften vorweisen
können. Tatsache ist, daß es kriselt.

So warten die zentralafrikanischen Länder also
offiziell ab, behalten aber laufend das Geschehen
in Nordafrika im Auge, immer die Reaktionen von
den Vereinigten Staaten und Europa beobachtend.

Da das Militär ohnehin die herrschende Macht aus-
übt – und da kann die offizielle Bezeichnung für das
Land zehnmal Republik lauten – haben die Macht-
haber den Vorteil, die Bevölkerung unter ihrer
totalen Kontrolle zu haben.

Entsprechende Maßnahmen werden sowieso von
einer Handvoll Offizieren getroffen, was natürlich
für militärische Überfälle und Blitzaktionen einen
großen Vorteil darstellt.

Kein Parlament, keine Opposition muß vor
entsprechenden Aktionen zu Rate gezogen werden.

Spekulationen darüber, was geschehen werde,
wenn Ghadaffi oder *wenn* die USA oder die

Israelis . . . sind müßig, denn meist laufen Reaktionen in der afrikanischen Praxis ohnehin anders ab,
als man als unbeteiligter Beobachter glaubt.

Seltsamerweise habe ich die unterschiedlichsten
Handfeuerwaffen bei den Militärs gesehen, und da
ist das (verkürzte) deutsche G 3 ebenso vertreten,
wie die russische Kalaschnikow oder Sturmgeweh-
re amerikanischer Herkunft.

Zu einem späteren Zeitpunkt sollten wir auch noch
Nachtjäger im Einsatz beobachten können; son-
derbarerweise sieht man in der Tat Kampfflugzeuge ohne Hoheitsabzeichen. So sprang Peter einmal
auf und deutete erregt in den Himmel. Über uns ra-
ste ein amerikanischer Kampfhubschrauber Richtung Norden. Es war ein »Sky-Hawk«. Und Peter
mußte es wissen. Er war schließlich seinerzeit bei
den deutschen Heeresfliegern Bordmechaniker . . .

Daß sich die Agressionen von Militär und Polizei
nicht nur gegen andere Länder, Revolutionäre und
der eigenen Zivilbevölkerung richten, mag vielleicht das folgende Beispiel verdeutlichen:

In einer zentralafrikanischen Hauptstadt (der Name tut nichts zur Sache) im Hause einiger Bot-
schaftsangestellter ist es wunderbar still. Einige
sind wieder in Europa, ein Paar spielt Tennis, die
Kinder schlafen, auch die Hunde haben sich zu-
rückgezogen und offenbar auch die Nachtwächter.
Die allerdings werden nie wieder aufwachen, denn
zu diesem Zeitpunkt sind sie bereits tot.

Gegen 23 Uhr Ortszeit wurde laut Augenzeugen
ein Feuergefecht eröffnet.

»Anrobbers«, acht bewaffnete Verbrecher stürmten das Gebäude. Dauer des Gefechts: etwa sechs
Minuten, Ergebnis: ein Toter. Die »Polizei« traf etwa eine halbe Stunde später am Tatort ein. Nach
kurzem Befragen einiger Augenzeugen wollten die
Beamten den Mörder des »armen schwarzen Man-
nes« verhaften – der Erschossene, der Verbrecher,
war ein Mann in Polizeiuniform . . .

Zum Glück war besagter Mörder (ein Botschafts-
angestellter) bereits auf dem Botschaftsgelände.

Mit Bambusstauden gesäumter Flußlauf

Einen Tag später konnte der völlig Unschuldige unter vielen Schwierigkeiten und Risiken das Land Richtung Europa verlassen.

Seine Gattin und seine beiden Kinder kamen eine Woche später ebenfalls nach.

Über dieses Ereignis gibt es vermutlich keine Akten, keine Aufzeichnungen – es war ein schöner, stiller Abend in Zentralafrika.

Der Leser wird verstehen, daß ich weder die Namen, noch die Nationalität der Beteiligten, das Land oder die Stadt dieses Ereignisses nennen möchte, denn ich habe vor, wieder nach Zentralafrika zu reisen ...

DIE HOLLÄNDISCHE EXPEDITION

Ich stehe in feuchten, verschwitzten Klamotten am Tresen des »Saloons« und biete einem Afrikaner Zigaretten an.

Wir rauchen und »unterhalten« uns mit Händen und Füßen. Da kommt auch ein Bediensteter des »Centra d'Accueil«, gemeinsam trinken wir ein Bier und als Jean-Michel – so der Name des Angestellten – einige Brocken Englisch von sich gibt, beginnt eine angeregte Unterhaltung. Sein Englisch ist holprig, aber verständlich, mit einigen Worten französisch vermischt und mit gestenreichen Antworten und Fragen kommen wir uns rasch näher. Irgendwie kommt Jean-Michel durch meine langen Haare auf Bob Marley, dem ich nun ganz und gar nicht ähnlich sehe. Er ist begeisterter Gitarre-Spieler und schwärmt von »No Woman, no cry« einem bekannten Song des verstorbenen Mittelamerikaners. »Moment«, mache ich ihm deutlich – ich bin gleich zurück.

Vertrauen gegen Vertrauen: Ich lasse meine Zigaretten und zwei der begehrten Einwegfeuerzeuge liegen, um zu zeigen, daß ich mit keinem Diebstahl rechne.

Einige Minuten später bin ich wieder hier, und die Afrikaner schauen erwartungsvoll auf meine kleine grüne Tasche, in der ich meinen Mini-Recorder untergebracht habe. »Do you like caribic music, do you want to hear Bob Marley?« frage ich in die Runde. Jean-Michel übersetzt, und ich höre ein begeistertes »Oui, oui!«.

Die Mini-Boxen angesteckt, etwas zurückgespult und schon kann's losgehen.

Ein Druck auf die Starttaste – bitte sehr: Bob Marley and the wailers: »No Woman – no cry ...«

Alles ist begeistert, und ich freue mich, daß das Eis der ansonsten eher schweigsamen Einheimischen nun gebrochen ist. Wir setzen uns in den Schatten des Strohdachs auf den lehmigen Boden, hören Musik, und ich glaube, Jean-Michel ist genauso zufrieden wie ich, Kontakte knüpfen zu können.

Musik kennt keine Grenzen, und derlei Erfahrungen freuen mich immer wieder, zumal der Afrikaner auch noch eine eigene Cassette bringt und nun afrikanische Rhythmen aus dem Recorder tönen. Er macht die Arbeit hier in seinen Semesterferien, erfahre ich. Außerdem wäre er verheiratet und hätte zwei Kinder – Zeit, Bilder von zuhause auszutauschen und Persönliches zu erzählen. Jeder geht auf den anderen ein, wir plaudern munter drauf los und räkeln uns gemütlich im Schatten des Baus.

Die Sonne und das afrikanische Bier lullen uns gemütlich ein, und ich bin in diesem Moment restlos zufrieden, zumal Jean-Michel der Meinung ist, daß es gar keine Grenzen bräuchte, wenn nur jede Regierung vernünftig wäre. Ganz meiner Meinung, und entspannt bilden wir ein Bild schwarz-weißer friedlicher Koexistenz, und das einzige, was uns momentan stört, sind die über uns hinwegfliegenden französischen Jaguar-Mehrzweck-Kampfflugzeuge.

Der Frieden währt allerdings nicht lange, erfahren wir doch in den nächsten Stunden Hiobsbotschaften. Das Ganze begann so, daß spätnachmittags einige junge, verschwitzte und ausgelaugte junge

Männer – Holländer – auf den Platz kamen. Die ehemals khaki-farbene Bekleidung ist total verdreckt, und etwas später erfahre ich dann auch, was es mit dem Trupp auf sich hat.

Ich schlendere an die Theke zu einem der Jungs und frage ihn, woher sie denn kämen. Die Antwort: Kongo – direkt aus den Urwäldern und Sumpfgebieten. Diese Richtung wollen auch wir einschlagen, und so bin ich für jede Information dankbar. Die allerdings sind katastrophal, die Nachrichten überschlagen sich: Militär, alles abgenommen, keine Chance, Filmverbot. Wahnsinniges Klima, Gorilla-Angriff – alles diskutiert wild durcheinander.

Tags darauf wissen wir mehr: Der Trupp war eine holländische Expedition. Ziel: Die Sümpfe und Urwälder des Kongos, speziell eine noch unbekannte Echse hatte es ihnen angetan. Dem Unternehmen ging eine langwierige Planung voraus, gesponsert wurde das Unternehmen vom holländishen Fernsehen. Vier junge Männer Mitte Zwanzig und ein älterer, erfahrener Kameramann bildeten die Expeditionsmannschaft, die Kosten hierfür gingen in die Hunderttausende ...

Das Ziel: Ein riesiges, unberührtes Gebiet, in dem auf -zig Quadratkilometern nur zwei Naturstämme leben.

So weit – so gut.

Die Expedition reiste per Flugzeug über Bangui an. Dort angekommen, gaben sie sich als Touristen aus, wohlwissend, daß Expeditionen genehmigungspflichtig sind. In ihrem Fall hätten sie umgerechnet eine halbe Million Mark zahlen müssen – ein Unding.

Nun ging es in Pirogen vier Tage auf dem Ubangi Richtung Süden flußabwärts in die Volksrepublik Kongo.

Hier erfolgte die Weiterreise mit einem Motorschiff. Dann kämpften sie sich drei Monate durch Sümpfe und Urwald, holten sich Geschwüre und Krankheiten, legten einen großen Teil mit Pirogen in sumpfigen Landstrichen des tropischen Regenwaldes zurück.

Was sie vorher nicht wußten: ein Führer wird gestellt. Ein Offizier, der auch gleichzeitig die Träger anwirbt, auf deren Auswahl man keinen Einfluß nehmen kann.

Zweiter Nachteil: die Träger-Verpflegung. Denn diese versorgen sich unterwegs selbst, das heißt, daß sie in aller Frühe aufbrechen, gegen Mittag auf die Jagd gehen, dann Nahrung zubereiten und einige Stunden schlafen. Danach geht nichts mehr. Und nachts – das erfahren wir später selbst – haben die Einheimischen offenbar große Angst vor dem Busch – da geht kein Afrikaner mehr weiter.

Der Führer zudem bestimmt den Weg, die komplette Route und ist als Offizier automatisch unumschränkter Herrscher in seinem Bereich.

Bis dahin ging alles halbwegs glatt, selbst die Eingeborenen-Stämme fand die Expedition, man spulte viele Meter Film- und Fotomaterial ab. Auch Fußspuren der sagenhaften Echse wurden entdeckt. Das Tier selbst allerdings blieb verschwunden. Alles in allem kein Beinbruch.

Schließlich hatte man alles versucht, hatte hervorragendes Film- und Fotomaterial gemacht, und die Sponsoren würden zufrieden sein, dachte man noch zu diesem Zeitpunkt.

Selbst ein gefährlicher Zwischenfall forderte keine Verletzten, sondern ging glatt über die Bühne des Urwalds.

Die Träger nämlich gingen öfters auf Gorilla-Jagd, meist mit Erfolg. Bis sie eines Tages ein Weibchen erschossen und das Gorillajunge mit ins Camp nahmen.

Nachts kam der Vater des Kleinen und griff das Lager an. Wer schon einmal einen Film über einen angriffslustigen, wilden Gorilla im Fernsehen gesehen hat, kann sich das Chaos in etwa vorstellen.

Dank ihrer Gewehre konnte das Team den Gorilla erschießen, bevor Schlimmeres passierte – es wurde niemand verletzt.

Die Gruppe brach schließlich zum Rückmarsch auf, Richtung Süden.

Als die Expedition eines Nachts campierte, kam Militär, besetzte das Lager und zwang die Mannschaft, sämtliches belichtetes und unbelichtetes Film- und Fotomaterial herauszugeben – trotz einer vorherigen Hinterlegung von 35.000,- Mark Kaution. Das komplette Gepäck wurde kontrolliert und zwar derart gründlich, daß man selbst den Inhalt einer Zahnpasta-Tube überprüfte. Und um die Sache zu verschärfen, wurden auch sämtliche Kameras und Fotoapparate konfisziert – die größtenteils von Firmen geliehen oder gespendet waren.

Zigtausende holländische Gulden waren umsonst investiert – aus, vorbei. Die ganzen Anstrengungen und Entbehrungen wochenlanger Tortur waren vergebens. Auch Ausrüstung wurde einbehalten, und man wies die Truppe aus.

Also zog man nach Norden, der Grenze der Zentralafrikanischen Republik entgegen, um von Bangui aus zurückzufliegen. Das Motorschiff aber war früher abgefahren. Nun stand die Mannschaft vor dem Problem, nach Bangui zu gelangen und zwar schnellstens.

Das wußten natürlich die Einheimischen, bei denen sich die Expeditions-Mitglieder nach Fahrmöglichkeiten – sei es Piroge oder Auto – erkundigte.

Ihre Lage wurde eiskalt ausgenutzt, und es blieb der Mannschaft nichts anderes übrig, als für ihr weniges übriggebliebenes Gepäck und fünf Personen umgerechnet über 650 Mark Beförderungsgebühr für etwa 130 Kilometer zu zahlen.

Und so kamen sie in Bangui an und flogen einige Tage später zurück nach Europa.

»Das sind ja heitere Aussichten!« kommentierte ich unser »Unternehmen Urwald«.

Peter hatte mittlerweile den Kanal gestrichen voll: »Mit der nächsten Maschine fliege ich zurück, darauf könnt ihr euch verlassen!« brummte er übellaunig. »Das geht schief, wir haben keine Chance, weder in den Urwald zu kommen, noch Pygmäen zu finden – im nächsten Flugzeug bin ich drin!« Ihm reichte es bereits jetzt.

Auch ich war am Grübeln: Die ganze Planung, die ganze Vorbereitung umsonst? Ein halbes Jahr Arbeit und dann einfach aufgeben! Und der materielle und finanzielle Einsatz?

Nein, so einfach geht's nicht, nahm ich mir fest vor, irgendwie mußte es einfach gehen. Ich bin damals auch aus der Eisflanke des Ganja La in Nepal wieder herausgekommen, als ich schon dachte, jetzt geht nichts mehr.

Gefährliche Situationen passierten in meinem Geist Revue: Als ich bei unserer Wildwasser-Expedition fast ertrunken wäre und mich Michael, mein Reisepartner doch noch ins Boot ziehen konnte. Oder als wir 600 Kilometer in der Sahara mit einem Lkw mitfuhren und sich die Lüfterschraube in den Wasserkühler bohrte und wir fast unser gesamtes Trinkwasser für den Kühler brauchten.

Oder als ich mich mit Klaus, meinem Freund im Bergdschungel an der tibetanischen Grenze verirrte und wir mit unseren Trägern doch wieder herauskamen.

Und jetzt – noch mitten in Bangui sitzend – einfach alles abblasen? Nein, auf keinen Fall. Wenigstens probieren mußten wir es, selbst wenn alles schiefging; zumindest könnte ich mir dann später sagen, ich hatte alles versucht . . .

Abends sprach ich mit Peter, der immer noch Partout zurückfliegen wollte.

Er blieb dabei. »Mein Termin steht – ich breche ab!« bekam ich zu hören.

»Also hör' zu,« versuchte ich ihn zu beruhigen. »wenn alles schiefgeht, fliege ich mit. Vielleicht hat es wirklich keinen Sinn, aber versuchen müssen wir es, ok?!«

Die Spannung unter uns verschärfte sich spürbar. So brachen Ralf und ich einen völlig sinnlosen Streit vom Zaune, an dem sich auch Peter mit

Peter – mit Skepsis mustert er
das Gelände

»Winni« ist der Einbaum nicht ganz geheuer

beteiligte. Heftige Diskussionen entbrannten zwischen beiden Zimmern und mir war klar, daß wir schnellstens aus der Stadt raus Richtung Kongo müssen, bevor sich wirklich harte Kontroversen ergeben.

MIT DEM EINBAUM AUF DEM UBANGI

»Piroge« lautet nun unser geplantes Transportmittel in den Busch. Wir sind sämtliche Möglichkeiten durchgegangen: Auto, Lkw, Busch-Taxi, Bus und Schiff.

Die billigste Möglichkeit, schnell in den Urwald zu kommen, ohne bei den Militärkontrollen aufzufallen dürfte der Wasserweg darstellen.

Und der liegt ja direkt vor unserer Nase: Der Ubangi, der große Grenzfluß zwischen der Zentralafrikanischen Republik und Zaire, der später in den Kongo mündet.

»Wir ziehen nur mit dem Nötigsten los,« entschieden wir schließlich. »Ein leicht gepackter Rucksack pro Person mit dem allernotwendigsten wie Schlafsack, Moskito-Netz, Machete, Feldflasche und Messer – und natürlich ein Teil unserer Fotoausrüstung. »Cadeaus« haben wir dabei.«

Sollten wir also vom Militär aufgegriffen werden, verlieren wir wenigstens nicht alles. Zudem umgehen wir den berüchtigten »Kilometer 12«, einen Kontrollposten der Soldaten.

Außerdem geben wir uns als »Touristen« aus und nichts von unserem Gepäck deutet auf eine expeditionsmäßige Ausrüstung hin.

Wolfram ist mit von der Partie und Thomas, der außer Warten ohnehin nichts zu tun hat, möchte ebenfalls mitkommen.

Gegen Mittag kommen Ralf und Wolfram von der Deutschen Botschaft zurück, wo Wolfram noch immer um einen Abstellplatz für seinen Land Rover feilscht – nichts zu machen.

Dafür aber waren beide am »Großen Hafen«, wo sie sich nach Pirogenfahrpreise erkundigten. »Piroge« ist die Bezeichnung für einen Einbaum, einen größeren, der Länge nach halbierten Baumstamm, der in mühevoller Arbeit ausgehölt wird. Je nach Größe beträgt die Herstellung zwischen drei Monaten und einem Jahr.

In der Zwischenzeit haben wir unsere Karten gewälzt und uns für den Ort Zimba entschieden, der etwa 35 Kilometer südlich am Ubangi liegt. Ab Zimba – so unsere Informationen – beginnen die Militärkontrollen und dann das Grenz-Sperrgebiet. Also für unser Vorhaben ein idealer Ausgangspunkt und die Möglichkeit, den Urwald kennenzulernen.

Um 17 Uhr Ortszeit sind wir am kleinen Hafen, um wie vereinbart den gecharterten Pirogenfahrer zu treffen und Preis und Fahrtdauer zu vereinbaren. Der ist natürlich nicht da, und wir beginnen die Verhandlungen mit verschiedenen Einbaum-Besitzern. Die Preise, die man uns nennt, sind völlig überhöht, eine lautstarke Debatte nimmt seinen Anfang. 5000 bis 7000 CFA möchten wir ausgeben, für viele ein Monatslohn in Bangui. Aber von wegen!

Die Afrikaner bleiben hart und nennen horrende Preise. Nach langen, nervenden Verhandlungen schließlich geben wir auf und marschieren zum »Kleinen Hafen«, der bis auf seine Größe genauso aussieht wie sein großer Bruder: Mit einem »Hafen« in hiesigen Sinne haben beide Anlegeplätze nichts zu tun. Zwei, drei große Transport-Kähne, einige Pirogen, kein Kai, keine Poller, nichts.

Tatsächlich finden wir einen Willigen und vereinbaren mit ihm den morgigen Starttermin auf sieben Uhr früh.

Wir möchten zurück zu »Kilometer 5« (diese Bezeichnungen stammen noch von den Franzosen; die Militärs unterteilten markante Punkte einfach in Kilometerzahlen, man sparte sich Namen und hatte präzise Angaben).

Für sechzig Pfennig pro Person fahren wir mit einem der Taxis bis Kilometer 5 und marschieren zum »Centre d'Accueil«.

Tags darauf stehen wir mit unseren Rucksäcken am kleinen Hafen und suchen den Pirogenfahrer, der natürlich nicht da ist.

Und auch nicht mehr kommt.

Schon beginnen wieder die ersten Diskussionen und Preisverhandlungen, die aber - wie soll es anders sein - fruchtlos bleiben.

Eine halbe Stunde später wieder erregte Debatten am »Großen Hafen«, die diesmal vom üblichen Tropenregen unterbrochen werden. Unter alten Betonstufen kauern wir uns auf den mit Kot bedeckten Boden - offenbar verrichtet halb Bangui genau an diesem Ort seine Notdurft. Geschlagene zwei Stunden gießt es wie aus Eimern, die Temperatur nimmt ab, es regnet und regnet.

Aber auch das geht vorbei und wir nehmen die Verhandlungen wieder auf.

Mittlerweile stehen wir vor einem neuen Problem. »Zimba?« Nie gehört, versichert man uns. Langsam platzt uns der Kragen. Wenigstens Bimbo, das zehn Kilometer unterhalb Banguis liegt, dürfte doch bekannt sein, fragen wir und zeigen auf unsere Karte.

Schließlich folgen wir einem Einbaum-Inhaber zum Standort seiner Piroge und wir einigen uns auf 5000 CFA Fahrpreis. Der Preis allerdings hält genau zwei Minuten, denn kaum sitzen wir alle im Einbaum, verdoppelt sich dieser - wir steigen wieder aus. Mittlerweile regnet es wieder, und wir wärmen uns erst einmal auf.

»Das kannst du keinem erzählen,« sage ich zu Wolfram. »Das erste Mal saßen wir schon in einer Piroge am kleinen Hafen, mußten aber wieder aussteigen, da das Ding zu viel Tiefgang hatte. Als die neue Piroge mit Führer kam, stimmte der Preis nicht mehr. Dann erhöhten sie den Preis am großen Hafen und jetzt das Gleiche unten am Strand«.

»Dreimal im Boot und keinen einzigen Meter zu-rückgelegt!« schimpft auch Peter, der die Nase von der geplanten Pirogen-Tour gestrichen voll hat und der festen Überzeugung ist, daß wir mit einem Einbaum niemals aus Bangui fortkämen.

Auch Erkundigungen bei einheimischen Busfahrern bringen nichts, und wir beschließen, durch die halbe Stadt in die Randgebiete zu laufen, wo noch Pirogen liegen sollen.

Endlich sind wir da und tatsächlich: Nach kurzen Verhandlungen legen wir ab, Richtung Süden.

Der Ubangi hat fast keine Strömung und führt Niedrigwasser, so daß Ralf und ich mehrmals aussteigen und schieben müssen. Hier soll es Krokodile geben, etwa vier Meter lang, aber die wären nur auf zairischer Seite, wird uns völlig ernsthaft versichert. »Offenbar sind das die einzigen Kroks, die sich an internationale Grenzen halten!« knurrt Peter und alles an Bord grinst.

Am Spätnachmittag endlich legen wir in Bimbo an. Ganz klar, daß die beiden Pirogenfahrer nun den doppelten Preis haben möchten. Dank Ralf einigen wir uns auf einen Tausender mehr und marschieren nach Süden.

Bimbo besteht aus einigen Lehmhütten, womit für uns feststeht, daß man hier Eßbares erwerben kann. Am Flußufer entdecken wir ein Drahtgeflecht mit heißer Glut - der landesübliche Grill. Eine längliche Holzbank fungiert als Tisch, vier wackelige, selbstgebastelte Hocker stehen auf rotem Lehmboden, es riecht nach gebratenem Fleisch. Ein afrikanisches »Freiluft-Restaurant«.

Das heutige Menue: Gebratener Affe in scharfer Sauce mit hartem Weißbrot - nahrhaft und billig. Gut gelaunt greifen wir zu. Vor allem die fetthaltige Haut des Affen schmeckt mir gut und wir diskutieren mit vollen Backen, um welche Art es sich handeln könnte. Ein schwieriges Unterfangen in der Dunkelheit.

»Auf jeden Fall um einen Kleinen,« meinte ich zu Peter. »Sieh dir mal die Pfote an, die Ralf auf dem Teller hat. Die kleinen Krallen. Entweder ein

Junges oder eine Nachtaffenart, ich bin auch kein Zoologe.«

Nach unserer Mahlzeit marschieren wir auf einer Piste Richtung Süden in die Dunkelheit. Rechts und links beginnt der Busch. Kein Urwald, sondern ein dichtes Gewirr aus niedrigen Bäumen, Ranken, Gräsern und Farnen.

Kein Militär, keine Patrouillen, nur ab und zu Hütten und Häuser. An einer Gabelung müssen wir uns entscheiden: Weiterlaufen oder umkehren! Probleme gibt's auf dieser Strecke bis jetzt jedenfalls keine. Peter ist eindeutig für den Rückmarsch, Thomas hätte auch nichts dagegen einzuwenden, ich enthalte mich anfangs der Stimme. Wolfram tendiert für eine Übernachtung an Ort und Stelle, Ralf möchte eigentlich weiter nach Süden, ist aber bereit, sich der Allgemeinheit anzupassen.

Nach einer kurzen Besprechung beschließen wir den Rückmarsch und marschieren auf einer asphaltierten Straße Richtung Norden, der Hauptstadt entgegen.

VABANQUESPIEL M'BAIKI

»Also, so geht's nicht weiter!« meine ich zu meinen Freunden. »Montag mache ich los. Entweder mit dem Bus, einem Busch-Taxi oder mit sonstirgendwas, und zwar nach M'Baiki.«

Wir sitzen zusammen und besprechen – zum wievielten Male? – die momentane Situation.

»Es muß doch irgendwie möglich sein, nach Süden zu kommen, ohne gleich alles konfisziert zu bekommen!« versuche ich meine Freunde zu überzeugen.

Im absoluten Notfall möchte ich mir ein Fahrzeug mit Fahrer mieten, denn außerhalb Banguis ist ein einheimischer Fahrer obligatorisch, handelt es sich nicht um den eigenen Wagen.

Mit einer Piroge dauert es Tage, da bin ich mir sicher, denn bei der langsamen Strömung ist mit einer flotten Fahrt nicht viel drin.

Wolfram will in jedem Falle mitmachen: »Wir nehmen den Land Rover, dann sind wir von keinem Einheimischen abhängig, und das ganze Unternehmen wird billiger,« bietet er mir an.

Spritkosten und sonstige Auslagen wollen wir teilen. Vor allem aber hätten wir einen großen Vorteil: Die Gepäckverstauung ist kein Problem und dank der guten Geländegängigkeit des Fahrzeugs würden wir auch in unwegsamen Gelände gut vorankommen. Unsere Kameras geben wir unten in die Rucksäcke – dazu eine Handvoll Filme. Ersatz- und Wechselobjektive. Putzzeug, Fernauslöser und Stative lassen wir alles in Bangui. Auch die Weithalskanister und Seesäcke lagern wir hier ein. Pro Person also nur einen Rucksack. Wolfram verzichtet auch auf diesen und schnallt sich ein Bündel mit dem Nötigsten zurecht, das aus einem Schlafsack, einer Decke, Machete, Messer, Kleinkram und Fotoausrüstung besteht.

Wir haben gottseidank ausreichend Ersatzbatterien für die Kameras dabei und genügend Filme, wobei ich Wolfram, dessen Batterie ihren Geist aufgab, aushelfen konnte – zwei Fotokameras mehr.

Ich hege die Hoffnung, daß man bei etwaigen Kontrollen nicht alle Fotoapparate finden würde und da wir auch das belichtete Fotomaterial verteilen, müßten wir mit etwas Glück zumindest einige Dias außer Landes schaffen können.

»Was nimmst du mit?« fragte mich Peter, als es ans Packen ging. »Naja, Schlafsack, Moskitonetz, Taschenlampe, Messer, Feldflasche, Fotoapparat, eine Not-Ration mit 1000 Kilokalorien und einige Filme – das wär's, glaube ich.«

Den Rest des Gepäcks wollten wir einlagern. Christine, Wolframs Eheweib, bot uns an, die ganze Ausrüstung in ihrem Zimmer einzulagern. »Da sieht's ohnehin aus wie in einer Reparatur-Werkstatt!« meinte sie lachend.

Wolframs Land Rover – unsere Fahrmöglichkeit nach Süden

Zusammen mit ihrem Sohn wollte sie hier »die Stellung halten«, während wir am nächsten Tag nach Süden fahren würden.

Ich inspiziere mit Wolfram den Land Rover. Es handelt sich dabei um einen aus britischen Armeebeständen stammenden 109 OP, Serie III. Aus dem ehemaligen Pick Up hatte sich Wolfram ein Mini-Camp-Mobil gebaut, indem er einen Aufbau konstruierte, und das Ganze auf die ehemalige Ladefläche aufsetzte. Zusatztanks, Freilaufnaben und zusätzliche Kanisterhalterungen für Benzin wurden installiert und angebracht. Das Innere versah Wolfram mit zwei Liegepritschen – fertig war ein expeditionstaugliches Geländefahrzeug.

»Als was geben wir uns aus bei Kontrollen?« stand die Frage im Raum.

»Kein Problem - natürlich als Touristen, harmlos und naiv, stets freundlich vor sich hinlachend!« feixte ich.

»Naja, das dürfte dir ja nicht schwer fallen . . .«, bekam ich zu hören.

»Ich weiß, ich weiß,« gab ich zurück. »Dümmlich vor sich hingrinsend überstand er die gefürchteten Militärkontrollen - ohne zu wissen, worum es überhaupt ging . . .«

Wir alberten herum und waren guter Dinge.

Endlich ging's los - hoffentlich klappte es diesmal. Nach den bisherigen Fehlschlägen konnte es eigentlich nur noch besser laufen – zu verlieren hatten wir nichts.

»Das Klima da unten wird uns ganz hübsch zu schaffen machen,« sagte Peter. »ich bin ja gespannt.«

Die hier allgegenwärtigen Moskitos stachen uns nachts und abends; sie feierten regelrechte Orgien. Irgendwo unter dem Moskito-Netz klaffte bestimmt eine kleine Lücke, oder es waren einige Maschen zerrissen, die die Mücken mit traumwandlerischer Sicherheit fanden – und sich an unserem Blut labten, während wir schliefen.

Frühmorgens dann war man übersät mit roten Pusteln und Flecken. Ich saß gerade vor einem Kaffee, kratzte mich ausgiebig an diversen Körperstellen und führte Tagebuch, als Wolfram herangeschlendert kam.

»Mit der Unterstellung des Rovers ist immer noch nichts zu machen!« verkündete er mit böser Miene. »Die wollen einfach nicht.« Mit »Die« meinte er die Angestellten der Deutschen Botschaft, die sich nach wie vor weigerten, einen Abstellplatz für den Wagen zur Verfügung zu stellen.

Irgendetwas aber mußten wir nach unserer Tour in den Urwald auftreiben. Und zwar eine sichere Möglichkeit, wollte Wolfram nach einigen Tagen nicht nur eine ausgeschlachtete Karosserie wieder sehen.

»Naja, warten wir also ab, bis wir vom Busch wieder zurückkommen!« meinte er achselzuckend. »Irgendetwas wird sich schon ergeben.«

»Wo steckt eigentlich Thomas?« wollte ich wissen.

»Der ist am Flugplatz. Hat noch Probleme mit der Maschine wegen der Frachtaufgabe. Danach wollte er wieder hierher kommen.«

Ralf duschte gerade, Peter kontrollierte die Ausrüstung.

Mehr war nicht zu tun, wir warteten auf den Startschuß . . .

92

KILOMETER 12

Wolfram dreht den Zündschlüssel im Schloß, der Rover springt an. Unsere Rucksäcke sind im Wageninnern verstaut, sechs Liter Trinkwasser schwappen im faltbaren Plastikkanister.

Ralf hat es sich auf dem Beifahrersitz bequem gemacht, Peter und ich verteilen uns zwischen den Pritschen auf dem Boden des Rovers.

Zuvor haben wir unsere Zimmer-Rechnung bei Jean-Michel beglichen und uns von Christine und Sebastian verabschiedet. »Nun denn,« meint Wolfram, während er das Fahrzeug wendet, »dann wollen wir mal.«

Wir rattern auf der rotbraunen Piste durch Bangui Richtung Südwesten. Staub wirbelt auf, die Mittagshitze hängt wie ein Glocke über der Stadt. Rechts und links ist die Piste von zusammengezimmerten, ärmlichen Behausungen flankiert, überall Menschen, Tiere und Staub. Wir fahren durch Schlaglöcher, die Fahrt geht über hartes Wellblech dem Ortsende entgegen.

Peter und ich werden durchgeschüttelt – die Blattfedern geben die Stöße mit fast unverminderter Heftigkeit an uns weiter, wir haben zu tun, daß wir nicht gegen spitze Kanten und Ecken gestoßen werden.

Die Hitze im Land Rover ist enorm, die Sonne knallt vom wolkenlosen Himmel, während Wolfram das Auto durch die Menschen manövriert.

Ein Personenschaden fehlte uns jetzt noch, dann können wir alles begraben. Militär-Jeeps mit schwerbewaffneten Truppen kommen uns entgegen oder überholen uns.

»Ich bin gespannt auf »Kilometer Zwölf!«« rufe ich Wolfram zu. Der nickt und schaltet einen Gang herunter, während er elegant einem Moped-Fahrer ausweicht, der wie alle anderen hiesigen Fahrzeug-Besitzer extra knapp an uns vorbeifährt. Offenbar eine Art sportlicher Ehrgeiz, um zu sehen, wer zur Seite geht oder ausweicht . . .

»Da haben wird es!« sagt Wolfram und deutet nach vorne. »Kilometer Zwölf, die berühmt-berüchtigte Kontrolle!« Wir sehen alle nach vorne: Ein Schlagbaum, zwei aus Beton und Lehm errichtete Kommandantur-Gebäude, Militärfahrzeuge und schwarze Kampf-Einheiten, die entweder kontrollieren oder beobachtend herumstehen.

Ralf hat bereits unsere Reisepässe griffbereit vor sich in der Ablage liegen.

Er soll auch die Verhandlungen mit den Militärs vornehmen. Langsam fahren wir an den Schlagbaum heran; auf der entgegenkommenden Fahrspur wird gerade ein einheimischer, klappriger Pick-Up kontrolliert. Vor uns geht der Schlagbaum hoch – dürfen wir etwa ohne Kontrolle passieren? Langsam fahren wir durch, aber nur einige Meter. Hinter uns senkt sich die Absperrung, es wird uns gedeutet, stehen zu bleiben.

Ein Offizier, begleitet von zwei Soldaten kommt zum Fahrzeug, Ralf steigt aus und geht mit den Pässen in eine der Bauten. »Ça va?« lacht uns der Offizier an und stellt sich mit seinen Begleitern hinter das Fahrzeug.

»Ça va bien!« rufen wir zurück und warten ab, was geschieht. Zunächst: Gar nichts.

Ralf bleibt verschwunden, die Militärs spazieren um das Fahrzeug herum.

Soeben wird auch der Pick Up abgefertigt und kann passieren. Die Methode ist klar: Kontrolle der gesamten Stadt über die Ein- und Ausfahrenden.

Wir warten und warten. Da kommt auch Ralf wieder und winkt mit den Pässen.

Kaum ist er am Rover, sollen wir die Rucksäcke auspacken. Nummer Eins: Ralfs grüner Tragegestell-Rucksack. Er beginnt, ihn auszuleeren. Peter und ich holen unsere Rucksäcke ebenfalls aus dem Fahrzeug.

»Denk' dran, Peter, ganz unten befinden sich die Kameras,« sage ich im Plauderton zu meinem Kameraden.

Der Offizier winkt ab, als wir unsere Rucksäcke öffnen wollen. Dafür steigt er ins Wageninnere und kontrolliert einzelne Gepäckstücke, sieht mal in diesen, dann in jenen Stauraum. Ok – alles in Ordnung, meint er auf französisch. Wir laden wieder ein.

Nun allerdings möchte ein Soldat mitfahren – Richtung M'Baiki. Wir werden gefragt, ob wir ihn mitnehmen könnten.

Und das heißt schon was, denn oft setzen sich einfach Soldaten ins Auto und bestehen auf die Mitnahme – was soll man machen? Mit einer Weigerung zieht man sich den Unwillen der Kontrollierenden zu, also nimmt man die »Bittsteller« mit in der Hoffnung, sich keine aggressiven Mitfahrer einzuhandeln.

»Unser« Passagier macht jedenfalls einen guten Eindruck. Ralf bietet ihn den Beifahrersitz an und kriecht zu uns nach hinten. »Wir können wieder,« meint er nach vorne und sucht sich neben mir einen Platz.

Nun kauern wir zu dritt im schmalen Raum zwischen den Schlafpritschen. Ich biete unserem Gast Zigaretten an, wir lächeln freundlich, Ralf unterhält sich auf französisch.

Draußen ein Zeichen des Offiziers – wir können weiterfahren. »Na also – hat doch prima geklappt!« meint Wolfram, ohne sich nach mir umzudrehen. Er läßt den Rover an, wir fahren weiter. Aus der Piste wird eine geteerte Straße – und sogar eine Gute. Der Soldat dürfte uns kaum Probleme bereiten – im Gegenteil. »Bei Kontrollen ist es immer gut, einen einheimischen Soldaten im Wagen zu haben, man erkennt die Bereitschaft, Militär mitzunehmen, das kann bei Überprüfungen oft von großem Vorteil sein!« sagt Wolfram und sieht mich dabei durch den Rückspiegel an.

Nun sind wir also ohne irgendwelche Repressalien durch den berühmten »Kilometer 12« gekommen, dem Checkpoint Nummer Eins. Danach dürfte alles frei sein, jedenfalls wissen wir von keinen weiteren Kontrollen.

Das hiesige Militär ist größtenteils mit Haussa, einem Volksstamm Zentralafrikas besetzt.

Diese Volksgruppe besitzt ein typisches Äußeres – der geborene Soldat. Mit ihrem dunkelbraunen, fast schwarzen Aussehen, den tarnfarbenen Uniformen und der oft aggressiv wirkenden Körperhaltung strahlen sie teilweise eine fast spürbare Gefährlichkeit aus.

Die meisten von ihnen gehen schon in jungen Jahren zum Militär. Hier bekommen sie Kleidung und Essen, haben einen Schlafplatz und das Zuhause Armee.

Im Kampfeinsatz sind diese Verbände hart und kompromißlos und auch in der Behandlung der eigenen Landsleute werden oft harte Methoden angewandt.

So kann es bei Militär-Kontrollen durchaus passieren, daß man einer alten Frau einfach einen Sack voller Zwiebeln abnimmt, die damit zum Markt wollte. Die Armee beherrscht die Szene. Einige Kilometer weiter dann überraschend eine erneute Kontrolle. »Sperriegel Nummer Zwei!« meinte ich zu Peter, der vorher heimlich unseren Beifahrer von hinten fotografierte, unterstützt von meinen gespielten Hustenanfällen, um damit das Klicken des Apparates zu übertönen.

Wir haben Glück, daß der Soldat bei uns mitfährt. Man ist freundlich, es folgt eine erneute Passkontrolle, eine Gepäcküberprüfung findet nicht statt.

»Es klappt wie geschmiert,« sage ich nach vorne zu Wolfram gewandt, unbehelligt fahren wir weiter.

Eine halbe Stunde später deutet unser schwarzer Beifahrer auf eine große Antenne, die deutlich über den Busch aufragt. »Rundfunkstation Bokassa« heißt der mit Stacheldraht umgebene Sendeturm. Hier verläßt uns auch der Soldat und steigt aus. Noch etwa 30 Kilometer sind es bis M'Baiki, wir müßten uns schon lange im Sperrgebiet befinden, der Urwald ist nicht mehr weit.

SPERRGEBIET!

M'Baiki.

Am Rande der großen Regenwälder, bestehend aus Pisten und Straßen mit Militärstationen, Kommandanturen, Bürgermeisteramt und Verwaltung. Die letzte größere Ortschaft vor dem Kongo. »So, da sind wir!« kommentiert Ralf die Situation.

»Wir brauchen einen halbwegs sicheren Platz, um das Fahrzeug abzustellen, danach geht's wie geplant zu Fuß weiter,« meint Wolfram.

»Also auf zum Bürgermeister; vielleicht können wir dort das Auto unterstellen.«

Gesagt, getan.

Ralf verschwindet in einem älteren Haus, wir bleiben beim Fahrzeug und harren der Dinge, die da kommen.

Aber nichts kommt. Außer Ralf, der meint, daß er den hohen Herrn bei seiner mittäglichen Siesta gestört habe.

Aber immerhin konnte er einiges in Erfahrung bringen: Das gesamte Gebiet um M'Baiki ist militärisches Sperrgebiet wegen der nahegelegenen zentralafrikanischen/kongolesischen Grenze. Offiziell herrscht Fotografierverbot – wie soll es anders sein.

Was nun? – Ralf bekam ferner die Auskunft, daß wir im Urwald fotografieren dürften, einige Gebiete könnten wir betreten, es fragt sich nur, welche? Bei Eingeborenen sei mit dem Fotografieren generell Vorsicht geboten – in jedem Fall sollten wir vorher unbedingt deren Einverständnis einholen.

Sperrgebiet. Das Wort kann ich nun allmählich nicht mehr hören. »Wie ist es nun?« wollte ich daher von Ralf wissen. »Dürfen wir nun weiter nach Süden, oder dürfen wir nicht?« »Das ist so eine Sache. Wir sollen uns mal bei der Polizei – nur ein paar Straßen weiter – melden. Der Bürgermeister meinte, daß wir in einige Gebiete dürften, aber was er nun genau damit ausdrücken wollte, ist mir auch ungeklar!« meint Ralf, wischt sich mit seinem Hals-

Wege in den Busch

tuch den Schweiß von der Stirn und setzt sich auf die Stoßstange des Wagens.

»Los – auf zur Polizei!« sagt Wolfram, schwingt sich hinter das Steuer, und wir fahren zur hiesigen Behörde.

Ralf macht wieder den Anfang, schnappt sich die Pässe und geht zur Kommandantur. Wir warten in der Hitze und vertreten uns ein wenig die Beine.

»Soweit ich verstanden habe,« sagte ich zu Peter, »wird das gesamte Gebiet um M'Baiki laufend kontrolliert. Die gesamte südliche Grenze zum Kongo wird also bewacht.«

»Ich seh' uns schon im Gefängnis hocken!« gibt mir Peter zur Antwort und nimmt einen großen Schluck Wasser.

Wir beugen uns über unsere Karte, Maßstab eins zu anderthalb Millionen; die Detailkarte von diesem Gebiet haben wir prompt in Bangui gelassen. Vergessen.

Ralf taucht aus dem Lehmgebäude auf und winkt hinter dem Schlagbaum herüber: Peters Typ wird gewünscht.

Er marschiert über die Straße und verschwindet in der Kommandantur. Kurze Zeit später kommt er zurück: »Du bist dran, Wolfgang!« Offenbar werden wir einzeln hereingerufen – Ralf dolmetscht. In der Kommandantur sitzen und liegen Offiziere von Polizei und Militär, beim Betreten stelle ich fest, daß hier eine Art Protokoll verfaßt wird.

Unsere sämtlichen Daten werden aufgeschrieben, selbst Vornamen des Vaters und Geburtsname der Mutter werden verlangt – wir sind wieder einmal registriert.

»Wie ist die Stimmung?« erkundige ich mich bei Ralf. Deutsch spricht hier ohnehin niemand, man kann sich im leisen Plauderton unterhalten.

»Ganz gut, aber wir brauchen noch eine Uhr – zum Verschenken.«

Das übliche Cadeau...

Nach mir betritt Wolfram das Büro, und schließlich erhalten wir auch unsere Pässe zurück.

Ralf hat die Uhr mittlerweile »verschenkt«, den geforderten »Wegzoll« entrichtet.

Wieder alle am Fahrzeug teilt uns Ralf unsere momentane Berufstätgkeit mit: Waren wir in Marseille Reporter, Kameramann und Assistent, sind wir jetzt Busch-Fotografen, Schmetterlingsfotografen und Metallfacharbeiter. Peter wurde kurzerhand zum Verkäufer deklariert. Überhaupt reichte die Palette unserer »Berufe« je nach Situation vom Biologie- und Germanistik-Studenten bis hin zum Journalisten und einmal war Peter auch Medizinstudent.

Das einzige, was uns nicht passieren durfte, war eine korrekte Überprüfung dieser Angaben, die je nach Bedarf ganz willkürlich von Ralf in die Welt gesetzt wurden – je nachdem, welcher Beruf uns momentan weiterhalf.

»Na, was sagt ihr dazu?« grinste Ralf. »Wir dürfen weiterfahren, zuerst allerdings zurück zur Gendarmerie, die nächste Genehmigung beantragen.«

Also kletterten wir wieder in das Fahrzeug und fuhren dorthin. Wir parkten das Auto, Ralf nahm unsere Pässe und ging hoch zur Behörde, setzte sich auf eine Bank und wartete, daß sich was tat.

Wir wurden sofort von kleinen Kindern umringt. Peter führte einige Schnur-Tricks vor, die Kinder waren begeistert und alberten herum.

Ich sah nach oben, Ralf saß immer noch auf seiner Bank.

»So langsam müßte sich was tun« sagte Peter und rutschte auf der kleinen Steinmauer herum, auf der wir uns niedergelassen hatten. »Nur die Ruhe«, meinte Wolfram. »Du weißt doch, die Afrikaner kennen nur zwei Uhrzeiten: Halb und Ganz...«

Immerhin saßen wir im Schatten, hatten Wasser, Benzin und unsere Kameras, und das war doch schon etwas, dachte ich und döste vor mich hin.

Peter erhob sich: »Ralf kommt!«

»Also – wir können weiterfahren. Ich bekam sogar eine Pistenbeschreibung für den Busch.«

»Haben wir eine schriftliche Sondergenehmigung?« erkundigte ich mich und bekam ein gleichgültiges »Nö!« zu hören, während Ralf in den Wagen stieg.

»Alles mündlich . . .«

Egal. Hauptsache, wir kommen weiter nach Süden.

Und wenn Militärkontrollen patroullieren, müßten wir uns sowieso mit »Cadeau« weiterhelfen – was nützt also effektiv eine schriftliche Erlaubnis? Nach Ralfs Beschreibung verließen wir mit M'Baiki und nach mehrmaligen Erkundigungen bei Einheimischen waren wir auch auf der Piste, die man uns zur Weiterfahrt empfohlen hatte.

Es ging in den Busch!

RICHTUNG KONGO

»Winni, bleib sitzen, verdammt nochmal!« schimpfte Peter den Buschhund, der sich nicht entscheiden konnte, wohin er wollte. »Los, Wolfgang, nimm' du ihn mal. Aber paß' auf, daß er nicht nach vorne springt,« meinte Peter zu mir, während wir hin- und hergestoßen wurden, und der Rover in die Schlaglöcher kracht, ausbrechen will und Peter und ich auf- und abhüpfen.

Ich kroch nach vorne und machte es mir einigermaßen zwischen dem Werkzeugkasten und einem alten Federkissen bequem, Peter kletterte nach rückwärts und versuchte hier, einen ungefährlichen Platz zu ergattern.

»Du fährst einen flotten Stil!« rief ich lachend durch den Motorenlärm Wolfram zu. Der grinste zurück: »Pistenerfahrung!«

»Winni«, Wolframs Hund, konnte keinen Augenblick still sitzen und kurzentschlossen hielt ich ihn am Halsband – die einzige Möglichkeit, daß er sich nirgends einklemmte.

Wir schwitzten, aber wie: der Schweiß lief uns in den Bart, am Hals entlang über den Rücken, die Hemden waren klatschnaß.

Aber es machte Spaß!

Der Rover krachte über Brücken – mit Brettern überdeckte Bäche – schlingerte in Kurven, durch Pfützen und Staub, und so ging unsere Fahrt durch den Urwald.

Rechts und links nur Bäume, Bäume, Bäume. Lianen, Baumwürger, Ranken und Farne, ein in den verschiedensten Grüntönen leuchtender Urwald. Vögelschreie, Geräusche von den verschiedensten Tieren und Insekten, ein von Leben erfülltes, grünes Gefängnis.

Hier herrschen für das Leben die günstigsten Bedingungen. Die Klimaschwankungen sind geringer als in jeder anderen Lebenszone; die Temperatur bleibt das ganze Jahr über hoch und konstant. Niederschläge verteilen sich gleichmäßig und verhindern, daß es jemals zu trocken wird und da die Pflanzen in jeder Jahreszeit wachsen und Früchte tragen, können die Tiere sich auf eine bestimmte Nahrung spezialisieren; etwa Nektar oder Früchte, denn stets ist ein Vorrat da.

Zu dem Reichtum an Pflanzenarten kommen große Unterschiede zwischen dem Blätterdach, der Buschschicht und der Bodenschicht.

Dadurch vermehrt sich die Vielzahl der »Nischen«, die den Tieren zur Verfügung stehen. Aus diesem Grund gibt es in den tropischen Wäldern mehr Arten als in den gemäßigten Zonen.

Allerdings ist die Zahl der einzelnen Arten gering; sie leben auch ziemlich verstreut.

Die hohe Temperatur ist besonders für Insekten und andere wirbellose Tiere günstig, die ihre Temperatur und den Feuchtigkeitsgehalt ihres Körpers nur in geringem Maße regulieren können.

In kälterer Umgebung müssen sie bei einem Temperaturrückgang ihre Aktivität herabsetzen.

Die hohe Feuchtigkeit im Urwald ist daher ideal für viele wirbellose Tiere, zum Beispiel für Blutegel und Plattwürmer, die in anderen Zonen nur im Wasser zu finden sind.

Bei diesen durchweg hohen Hitzegraden arbeitet der Stoffwechsel der wirbellosen Tiere im tropischen Wald besonders wirksam. Dies spiegelt sich in der beträchtlichen Größe wider, die viele von ihnen erreichen. Da gibt es riesige Schmetterlinge, Stab- und Laubheuschrecken, Libellen, Spinnen, Hundertfüßler sowie mächtige Schnecken und Regenwürmer; an kaltblütigen Wirbeltieren leben hier Riesenfrösche und -kröten, gewaltige Schlangen und Echsen.

Der lebhafte Stoffwechsel ermöglicht es vielen wirbellosen Tieren, vor allem den Insekten, ihren Lebenszyklus in viel kürzerer Zeit zu vollenden, als ähnliche Arten in gemäßigten Regionen. Diese Tiere bringen deshalb im Jahr auch viel mehr Generationen hervor; dadurch werden die Aussichten auf erbliche Variationen vergrößert, und möglicherweise findet auch eine schnellere Evolution statt.

Schon innerhalb eines kleinen Gebietes gibt es eine Vielfalt von Lebensräumen in den mannigfachen Waldtypen und den verschiedenen Stockwerken der Bäume. Da findet man alles:

Von jungen Wäldern, in denen die größten Bäume nur vereinzelt stehen und in die Luft ragen, und das Licht deshalb bis zu den unteren Schichten durchdringt, bis zum voll ausgebildeten Urwald, in dem die Bäume dicht stehen und der Lichtmangel nahe am Boden nur Unterholz aus zerstreuten, Schatten vertragenden Sträuchern zuläßt.

»Da! Sieh mal die Hütten!« rief ich zu Peter und zeigte auf zwei, drei Strohhütten am Rande der schmalen Piste. Davor lagen Feuerstellen, einiges Hausgerät, Frauen stillten ihre Kinder oder trugen die großen, dunkelbraunen Körbe mit Maniok zu ihren Unterkünften.

Während die Frauen auf den Dörfern noch ganz bekleidet waren, waren sie hier halbnackt und statt Hosen bei den männlichen Bewohnern sah man immer öfters den Lendenschurz, Kinder spielten nackt auf dem Boden.

98

»Wieviel Kilometer sind es noch bis zum Kongo?« wollte ich wissen, und Ralf gab mir die Karte nach hinten. Ich schätze schließlich 20 oder 30 Kilometer, mehr waren es kaum.

»Eine Kreuzung!« rief Peter überrascht aus.

In der Tat: eine Kreuzung mitten im Busch, zwar unbeschildert doch immerhin; die Situation war eindeutig: rechts vor links ... wir fuhren geradeaus. Die Piste wurde immer schmaler, der Land Rover hatte gerade noch die richtige Breite.

»Wolfram, da winken welche!« meinte ich zu meinem Freund, doch der hatte bereits geschaltet und hielt wenige Meter weiter an.

Einige Einheimische winkten mit den Armen und zeigten nach vorne, während sie mit der anderen Hand das Zeichen zum Langsamerfahren machten.

Irgendetwas versperrt weiter vorne die Piste, es fragte sich nur was. Einige Minuten später wußten wir Bescheid: keine Patrouille, sondern ein großer Baum lag quer über dem Weg. Auf unsere Frage, wann dieser entfernt werden würde, bekamen wir eine typisch afrikanische Antwort: morgen, oder auch übermorgen – bestimmt nächste Woche ...

Es half nichts, wir mußten zurück, einen anderen Weg suchen. Zehn Minuten später biegen wir ab, Richtung Osten, um dann später wieder südöstlich zu fahren, dem Lobaye entgegen. Der Lobaye fließt nahe der kongolesischen Grenze; überquert man den Fluß, so hat man nur noch einige Kilometer bis zur Volksrepublik. Immer tiefer führt uns die Fahrt in den Busch. Der Urwald wird dichter, verfilzter und wächst rechts und links der rotbraunen Piste in den Himmel. Ralf genießt sein Privileg, auf der Beifahrerseite zu sitzen.

Bamm! Wieder sind wir in ein tiefes Loch geknallt – diesmal hat es mich mit der Schulter gegen eine scharfe Kante geworfen. Die Piste aber wird langsam besser, offenbar verkehren auf diesem Weg die Fahrzeuge der Holzfirmen, die die Edelhölzer aus dem Busch transportieren.

Lehmhütten am Rande des Weges

Peter versucht sich als Babysitter

Nachtlager in einer Lehmhütte; ich baue mein Moskitonetz auf

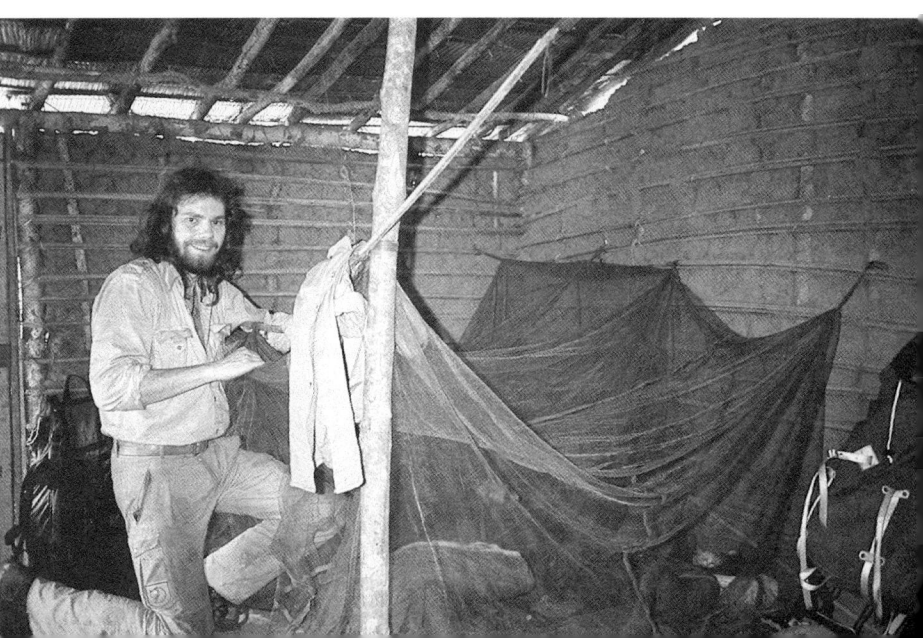

Wieder tauchen am Rande des Weges vereinzelte Stroh-Hütten auf, wir winken, freundlich winkt man zurück.

Offenbar kommen hier nicht allzuviele Weiße her. Es geht langsam auf den Abend zu – Spätnachmittag.

Die Schatten der Urwaldriesen werden länger und immer noch fahren wir nach Süden. Langsam müßte der Lobaye in Sicht kommen, wenn wir uns nicht verfahren haben.

Noch einige Kurven, es geht über eine aus rohen Balken gezimmerte Brücke, wir ziehen unsere imaginäre Staubfahne hinter uns her, da liegt er plötzlich vor uns: Der Lobaye.

Unser Ausgangsziel.

Der Fluß, den wir in Deutschland auf der Karte studierten, von dem aus wir loslaufen wollten – in den Regenwald Zentralafrikas.

AM LOBAYE

»Ich werd' verrückt – eine Urwald-Bar!« stößt Peter hervor, als wir vor einem aus Blech, Brettern und Lehm errichteten Gebäude halten.

Steif kletterten wir aus dem Land Rover und sehen uns in SCAD um, einer Siedlung mitten im Urwald.

SCAD, eigentlich S.C.A.D geschrieben, bezeichnet gleichzeitig eine große Holzfirma, die hier im Busch Edelhölzer fällt und transportiert, wie auch die Ansammlung der Hütten, das Dorf selbst. In diesem Gebiet hat jede kleinere Anzahl von Hütten einen Namen: Métté, Litté, Ibengue, Mbangoma, Ouélé Ouélé oder Lougouza lauten die klangvollen Bezeichnungen für Behausungen aus Lehm oder Palmzweigen.

So kann es durchaus passieren, daß ein auf der Karte verzeichnetes Dorf nur aus drei, vier Hütten besteht, umgeben vom Urwald. Ohne Spritversorgung oder Einkaufsmöglichkeiten. Oder das ehemalige Dorf existiert nur noch auf Karten – es ist verlassen, die Bewohner sind weggezogen.

SCAD dagegen ist relativ groß, zumindest flächenmäßig. Man kann hier Sprit in Flaschen kaufen, Zigaretten, einige Dosen Sardinen, Brot und selbst Kaffee gibt es hier, bevorzugt den »café au lait«. Auch jetzt am Spätnachmittag herrscht eine drükkende, schwüle Hitze, verursacht durch die Sonne und der Feuchtigkeit des Regenwaldes.

Die »Bar« hat einen offenen Innenhof, Stühle und Tische befinden sich an beiden Breitseiten sowie an der Längsseite. Wir lassen uns in die wackelige Konstruktion fallen, ich nehme meine verschwitzten Hut ab, werfe ihn auf den Tisch. Peter streckt seine Beine weit von sich, auch Ralf und Wolfram fläzen sich in die Sitzgelegenheiten und wir bestellen uns etwas zu trinken. Die Getränkeauswahl: Limonade, Wein und Bier. Kaum haben wir es uns bequem gemacht, kommen zwei Afrikaner und bieten uns zwei in alte Lappen gehüllte Gegenstände zum Verkauf an: Teile eines Elefantenkiefers mit Backenzähnen, die einwandfrei unter das Washingtoner Artenschutzabkommen fallen. Überhaupt wird einem hier so manches angeboten: präparierte, große Schmetterlinge, Riesenschlangen- oder Alligatorenhäute. Ob eine Tierart geschützt oder vom Aussterben bedroht ist, kümmert hier niemanden – weshalb auch?

So gerne ich Originalstücke aus anderen Ländern mit nach Hause bringe, weder ich noch ein anderer unserer Mannschaft kauft irgendetwas während dieser Reise, denn meist werden die Tiere nur ihres Felles, ihrer Zähne, Hauer oder der Haut wegen erlegt, der Rest verfault in der Schwüle des Waldes – Nahrung, die sinnlos verdirbt.

»Leute, ich bin happy!« meine ich zu meinen Freunden und strecke meine Füße aus. »Wir sind an einem idealen Ausgangspunkt, zu essen gibt's hier auch was, Militär existiert hier scheinbar auch nicht – was wollen wir mehr?!« In der Tat haben wir ein unheimliches Glück gehabt, für afrikanische Verhältnisse ging alles schon fast zu glatt.

»Wenn wir gewußt hätten, das alles so einfach ist, was Wolfgang?« lacht Wolfram, sein Glas in der Hand hebend.

»Und vor allem: Wir sind nun noch weiter südwestlich gekommen, als geplant. Ralf und ich legten den Ausgangspunkt eigentlich im »Réserve Forestière de la basse-Lobaye«, einer Art Reservat fest, das wir per Piroge vom Ubangi her kommend und dann westlich auf dem Lobaye erreichen wollten. Mit dem Rover haben wir ein hübsches Stück Zeit gespart,« meine ich in die Runde.

»Wir sollten uns mal nach einer Bleibe für die Nacht umsehen, Ralf, das wär' doch was für dich...« sagt Wolfram zu meinem Freund gewandt.

»Gemach, gemach!« meint dieser und erhebt sich langsam, um mit zwei Einheimischen nach einer Art Herberge Ausschau zu halten.

Ich marschiere los, um Zigaretten zu holen, Peter und Wolfram dezimieren den einheimischen Getränkevorrat.

Wieder alle vereint, erstattet Ralf Bericht und meint, daß er eine Herberge aufgetrieben hätte, die einen guten Eindruck macht; was aber ohnehin egal wäre, weil es hier im Umkreis von Kilometern die einzige ist...

Pro Übernachtung umgrechnet sechs Mark fünfzig, das ist ein akzeptabler Preis.

Zuerst aber wollen wir etwas Eßbares auftreiben und fahren die »Hauptstraße«, eine lehmige Piste, entlang. Rechts und links abenteuerliche Hüttenkonstruktionen und kleine Stände, auf denen alles mögliche angeboten wird – der Handel scheint hier offenbar ganz gut zu florieren...

Wir haben Glück.

»Mini-Restaurant« steht da ganz deutlich in handgemalten, ungelenken Buchstaben auf einer Holzwand.

Die Bezeichnung »Mini« ist auch angebracht: Ein winziger Raum mit ebenso kleinen Bänken und Tischen in Kniehöhe bietet Platz für nur wenige Personen.

»Gemütliches Plätzchen«, meint auch Wolfran, und wir erkundigen uns nach Essbarem.

»Affe, Portion etwa Zweisechzig, mit Weißbrot, Soße und Teller!« verkündet Ralf.

»Prima! Viermal, Ralf!«

Ralf bestellt, uns wir warten aus unser Abendessen.

Da kommt ein kleiner Junge in das Lokal und legt uns – unsere Reisepässe und Impfausweise auf den Tisch!

Ralf hatte sie in der »Bar« vergessen.

»Wir haben wirklich einen unheimlichen Dusel!« schüttelt Wolfram den Kopf.

»In Bangui wären wir die Dinger los gewesen!« ist die übereinstimmende Meinung, und dankbar geben wir dem Kleinen Trinkgeld. Jeder verstaut seinen Paß im Brustbeutel; nochmal darf uns das nicht passieren...

»Aha, das Essen kommt!« läßt sich Ralf vernehmen und wir langen kräftig zu.

Mir schmeckt der Affe besser als unser letzter, vielleicht ist es eine andere Art. Auch die Soße ist diesmal anders zubereitet, und das Ganze schmeckt wirklich nicht schlecht.

Wir zahlen und machen uns zur beschriebenen Herberge auf. Die besteht aus einem Lehmbau, die einzelnen Zimmer sind mit dünnen Sperrholzplatten getrennt, der Boden besteht aus festgetretenem Lehm – der hier übliche Baustoff. Wir stellen den Rover ab und suchen uns unsere Schlafplätze: Ralf und Wolfram haben zwei Betten, im Raum gegenüber beziehe ich mein Quartier, Peter will im Auto übernachten.

Während ich mich einrichte, frage ich Ralf, ob er hier einen Weißen gesehen hätte.

»Nö, offenbar sind wir hier die einzigen!« bekomme ich vom Zimmer gegenüber zu hören.

Die Leute hier in diesem Ort sind durchwegs

freundlich und der schwarze Besitzer meint, daß hier bestimmt nichts gestohlen wird, was wir aufgrund der Erfahrung im »Mini-Restaurant« gerne glauben.

Es ist bereits dunkel, wir bekommen von der Chefin des Hauses eine Petroleum-Lampe und eine Schüssel mit Wasser in die Zimmer gestellt. Ich entdecke im Schein meiner Taschenlampe mehrere gelbbraune, etwa kinderhandgroße Spinnen im Raum und zeige sie Peter. »Pfui Deibel!« ist dessen Kommentar zu den ebenso nützlichen wie häßlichen Tieren.

»Lagebesprechung!« verkünde ich von draußen, wo Wolfram und ich es uns auf einer Decke bequem gemacht haben.

Eine kurze Diskussion über den morgigen Tag, beginnt, bald ist alles besprochen. Ich werde die anderen nachts um drei Uhr wecken, gegen halbvier dann werden wir mit den Rucksäcken in den Urwald maschieren.

Alles andere ergibt sich.

Peter und ich spazieren noch einmal zum »Mini-Restaurant«, um Limonde und Bier zu holen - der heutige Tagesausklang. Im Dorf und auch im Busch dröhnen Trommeln, die unterschiedlichsten Rhythmen und Gesänge tönen durch die Nacht.

Grillen und Zikaden zirpen, die verschiedensten Geräusche und Gerüche dringen an Ohr und Nase. Eine halbe Stunde später liegen wir auf den Betten und Pritschen. Die Hoffnung, daß es nachts einigermaßen abkühlt, können wir begraben - man liegt nackt schweißüberstömt auf dem Bett und spürt, wie einem der Schweiß von der Haut auf das Bett tropft, die feuchte Schwüle im Zimmer ist unheimlich. Ich wälze mich stundenlang hin und her, ständig in einer Art Halbschlaf, bis ich schließlich doch noch einnicke.

ZU FUSS DURCH DEN BUSCH

Das Alarmsignal meiner Uhr ertönt kurz vor drei Uhr nachts. Ich bin schon seit einer Viertelstunde wach. Zerschlagen setze ich mich auf und schlüpfe in meine immer noch feuchte Bekleidung. Dann wecke ich Ralf, Wolfram und Peter.

Wolfram hat sein Zimmer noch während der Nacht verlassen und den Land Rover als Schlafplatz vorgezogen - es war ihm einfach zu heiß.

Alles ist noch stockdunkel, leise packen wir zusammen. Wir bezahlen die beiden Zimmer und tragen die Rucksäcke vor die Hütte.

Kein Mensch ist auf der Piste.

»Alles klar?« frage ich leise Wolfram.

»Ok, wir können!« meint dieser, und wir schultern unsere Rucksäcke.

Dann gehen wir in die Finsternis, dem Lobaye-Fluß entgegen. Rechts und links der Piste beginnt der Busch. Sekundärer Urwald, nur vereinzelt ragen hohe Bäume als Schatten in den dunklen Himmel, die Vegetation besteht meist aus Büschen, niederen Farnen und mittelgroßen, verschiedenen Gewächsen. In ein, zwei Stunden wird der primäre, ursprüngliche Regenwald beginnen, der Wald also, der seit Jahrtausenden unverändert ist; nicht wieder aufgeforstete Wälder, sondern urwüchsiger Dschungel.

Wir laufen in der Dunkelheit zuerst westwärts, dann in südlicher Richtung. Trotz der Nacht kommen wir ins Schwitzen.

Schließlich der Beschluß: Rauchpause! Wir lassen die Rucksäcke zu Boden gleiten und setzen uns einfach in den rotbraunen Pistenstaub. Peter verschwindet mit der Lampe zwecks Erledigung eines dringenden Bedürfnisses im Busch.

Ich lege mich auf den Rücken und betrachte den Sternenhimmel. Es kratzt neben mir auf dem Boden. Winni, Wolframs Hund sucht ein gemütliches Plätzchen zum Rasten.

»Schon irgendwie großartig, dieses Land, hm?«

Ralf betrachtet die Insekten am Boden

Rauchpause

Peter durchstreift den Urwald

103

meine ich zu Wolfram gewandt. »Wart' ab, bis die Hitze kommt!« gibt Ralf seinen Kommentar dazu.

Aha – Peter kommt wieder, wir können weiter.

Immer noch ist es dunkel, die Sonne geht hier spät auf.

Erst gegen sechs Uhr wird es langsam dämmrig werden.

Auf einer abschüssigen Piste marschieren wir nun fast gerade nach Süden, so langsam müßten wir an den Fluß kommen. Als wir mit dem Fahrzeug nach Norden kamen, stießen wir schon einmal auf den Lobaye, dort wo er in einer seiner zahlreichen Windungen direkt am Holzwerk vorbeifließt; nun aber gehen wir südwärts und laut Karte müßte da irgendwo eine Brücke über den Fluß führen.

Vor uns bewegt sich plötzlich ein Licht auf und ab. Er kommt näher, und wir laufen geradewegs darauf zu; ein Fahrzeug ist es nicht, wir können keine Geräusche ausmachen.

Ein Afrikaner ist es, der offenbar auf Jagd ist, und das Rätsels Lösung ist die Stirnlampe, die der Jäger trägt, um beide Hände frei zu haben.

»Wo hat der nur die Stirnlampe her?« schüttle ich verwundert den Kopf. Wir fragen ihn, wie weit es denn noch zum Fluß wäre und ob wir in die richtige Richtug marschieren.

Nur noch ein paar Kilometer, bekommen wir zur Antwort und die Richtung stimmt auch.

Hoffentlich, denke ich, denn mit Kilometer- und Zeitangaben nehmen es die Afrikaner nicht so genau. Da können aus den angegebenen fünf Kilometern leicht 35 oder 40 werden und aus zehn Minuten eine gute Stunde.

Der Urwald wird dichter, nimmt an Größe zu, und wir laufen gerade in abschüssigem Gelände, als wir deutlich Fahrzeug-Geräusche hören.

Ein Land Cruiser, vollbesetzt mit Afrikanern, prescht in rasantem Fahrstil hinter uns die Piste entlang.

Gerade gehen wir an den Wegrand, da passiert es: Funken sprühen, ein häßliches metallisches Quiet-schen, das Fahrzeug fährt an uns vorbei, kommt ins Schleudern. Mit einem Krachen löst sich das linke Vorderrad mitsamt der Radtrommel, hüpft einige Male auf und schießt in den Busch, während der Cruiser nach links abkippt, weiterschlingert und schließlich am Pistenrand stehen bleibt.

Schwein gehabt! 100 Meter früher und wir hätten wie die Erdhörnchen in den Busch springen können, um uns vor dem Wagen zu retten.

Wir laufen zum Fahrzeug – da ist nichts zu machen, helfen können wir auch nicht.

Weiter geht es, und langsam beginnt die Morgendämmerung. Nun hören wir auch das Rauschen von Stromschnellen, einmal näher, dann wieder weiter entfernt.

»Irgendwo da unten muß der Lobaye sein!« Wolfram und ich gehen nebeneinander her und versuchen in der fahlen Dämmerung irgendetwas zu erkennen.

»Da unten – siehst du, dort,« Wolfram deutet nach links in den Urwald, »Da ist er!«

Tatsächlich – da ist der Fluß. Er fließt nach Osten, wir sind richtig.

Wir nähern uns einer Betonbrücke, die mehrere Risse aufweist, die sich über die ganze Breite der Brücke ziehen. Im letzten Drittel ist sie durchgebrochen, aber mittels einer original-afrikanischen Reparatur noch befahrbar.

Man schichtet einfach Baumstämme unter die gebrochene Stelle, schon ist die Brücke wieder passierbar; keine elegante aber einfache Lösung.

Von der Brücke aus kann man die Stromschnellen und kleinen Katarakte des schnell fließenden Gewässers betrachten, die Strömung sorgt für ein lautes anhaltendes Gurgeln und Rauschen. Wir steigen links einen Hang hinunter, direkt zum Ufer; weißer Schwemmsand bietet sich als trockener Rastplatz an.

Hier werden wir den Sonnenaufgang abwarten. Wir werfen unser Gepäck zu Boden, und jeder sucht sich ein gemütliches Plätzchen.

»Läuft wie geschmiert!« meint Wolfram. Stimmt, bis jetzt kommen wir gut voran.

IM URWALD

»Vergiß es – hier kommst du nicht mehr weiter!« sage ich zu Ralf. Auch Wolfam hält an und betrachtet die grüne Wand, die um uns aufragt. Wir stehen alle verteilt auf Steinen, im Wasser, im Schlamm. Rings um uns Urwald, Lianen, Dornen. Ich stütze mich mit dem Unterarm auf einen verfaulten Baumstamm, Peter lehnt an einem Felsen – Treibhausatmosphäre. So geht es nicht.

Wir wollten nach Osten marschieren, durch den Urwald am Ufer des Lobaye entlang.

»Ohne Pfad oder einen Fußweg der Eingeborenen brauchen wir Stunden für einen einzigen Kilometer,« meint nun auch Peter. Nein, da ist wirklich nichts zu machen, hier kommen wir nicht weiter. Also umkehren, wieder zurück auf den Weg, der nach Süden führt. Kaum auf der Piste, treffen wir auf Wanderameisen.

Ein ganzer Zug überquert die Piste. Auf ihrem Weg verzehren sie Insekten und Hundertfüßler, Schmetterlinge und kleinere Tiere. Dieser Zug schwarzer Wanderameisen hat einen anderen Stamm überfallen. Überall liegen toten Ameisen verstreut. Hunderte Tote forderte die Schlacht, die die Eindringlinge inszenierten. Die Wanderameisen haben eine feste Marschordnung – rechts und links sind die Soldaten, erkennbar an ihrer Größe und den großen, kräftigen Kiefern.

»Die machen vor nichts Halt!« sagt Wolfram. »Winni setzte sich mal versehentlich in einen Zug Wanderameisen. Den hättest du jaulen hören sollen!

Als ich einige Nahaufnahmen machen will, lerne ich die beißlustigen Tiere kennen – hautnah. Selbst durch meine dicken Wollsocken beißen die Ameisen – und zwar äußerst schmerzhaft. Mit unseren heimischen Ameisen kein Vergleich.

Vor allem sind sie zäh. Obwohl ich mehrmals fest mit der Hand auf das Tier schlage, beißt es immer noch, selbst 10 Minuten später bekomme ich noch Bisse ab.

Wir marschieren weiter. Die Piste ist gut zum Laufen, und wir kommen schnell voran. Unsere Rucksäcke wiegen zwischen 10 und 15 Kilogramm, ein angenehmes Gewicht, aber als die Sonne mit ihrer ganzen Kraft auf uns niederbrennt, werden wir langsamer. Innerhalb kürzester Zeit herrscht eine unheimliche Hitze, eine unangenehme Schwüle, die drückend wird und regelrecht spürbar ist.

An diesem Vormittag habe ich eine Auseinandersetzung mit Ralf, da wir über den Urwald eine unterschiedliche Auffassung haben.

Die Lage zwischen uns ist äußerst angespannt, ein Wort gibt das andere und wir geraten uns heftig in die Haare.

Er provoziert mich, ich brülle zurück, und schließlich marschieren wir weiter, einen Abstand von etlichen Metern zwischen uns einhaltend. Jeder ist sauer auf den anderen, und wir wechseln die nächste Zeit kein Wort.

Offenbar sind wir etwas überreizt, Auseinandersetzungen aber gehen nur bis zu einem gewissen Punkt – danach zieht sich jeder zurück, bis der Ärger verraucht ist.

Wolfram und ich sind uns einig: Wir müssen Fußwege benutzen, zumindest aber Pfade oder entsprechendes Gelände, das einen Marsch mit den Rucksäcken zuläßt und vor allem: Wir benötigen einen Führer.

Solange wir auf Wegen und Pisten vorankommen, ist das Ganze kein Problem, auf's Geradewohl aber einfach nach der Himmelsrichtung zu marschieren, immer wieder Umwege oder unüberwindbare Hindernisse in Kauf zu nehmen, kostet uns außer Kraft auch noch Zeit. – Viel Zeit.

Es geht auf Mittag, die Hitze nimmt zu. Der rote

Staub des Weges färbt unsere hellen Khaki-Hosen rötlich, auch die Stiefel sind mit einer Staubschicht überzogen. Immer noch marschieren wir nach Süden.

Ich schaue ab und zu in den wolkenlosen Himmel, dann wieder schweifen meine Blicke in das Grün des Urwalds, dieser unwahrscheinlichen Pflanzenanhäufung. Obwohl es hier keine ausgeprägten jahreszeitlichen Änderungen gibt, halten die verschiedenen Pflanzen in ihrem Werden und Vergehen einen eignen Rhythmus ein und wachsen nur selten unentwegt gleichmäßig weiter.

Einige Pflanzen blühen bis zu sechsmal im Jahr, andere nur einmal in etwa vierzig Jahren.

Tiere finden ständig pflanzliche Nahrung.

Die Blüte und Fruchtzeiten sind von Gebiet zu Gebiet verschieden.

Auch die Bäume des Regenwaldes weisen Eigentümlichkeiten auf, die man bei Arten in den gemäßigten Zonen nicht findet.

Viele besitzen beispielsweise Wurzeln, die an ihrer Basis »Füße« ausbilden und so die hohen Stämme mit stützen.

Immergrüne Arten haben dunkelgrüne, häufig lederartige Blätter, die in eine »Tropfspitze« auslaufen; diese läßt Wasser schnell von der Oberfläche abfließen.

Bei vielen kleineren Bäumen brechen die Blüten nicht aus den Zweigen, sondern aus den Stämmen und größeren Ästen hervor; dort können sie leicht von Schmetterlingen und anderen Tieren erreicht werden.

Ein auffallendes Merkmal einiger Bäume in sumpfigen Gebieten sind ihre Atemwurzeln. Sie zweigen von horizontalen Wurzeln ab, erheben sich über die Erdoberfläche und unterstützen die Atmung der Bäume, wenn der Boden wenig Sauerstoff enthält. Unten am Boden, in den spärlich erhellten Zonen, sitzt die zwei bis fünf Meter hohe Strauchschicht.

Sie besteht hauptsächlich aus holzigen Pflanzen und jungen Bäumen sowie einigen krautigen Arten.

Sträucher, deren Umriß rund oder umgekehrt kegelförmig ist und die sich unmittelbar über dem Boden verzweigen, bezeichnet man als echte Sträucher; andere sehen wie kleine Bäume aus und werden Zwergbäume genannt.

In dieser Schicht sind auch kleine Palmen vertreten.

Die Krautschicht ist an Wasserläufen, auf Lichtungen und an anderen Stellen, wo das Licht hinkommt, am üppigsten.

Tiefer im Wald, an spärlich belichteten Stellen, wachsen Kräuter nur vereinzelt oder in Gruppen; es gibt dort auch weniger Familien und Arten von Bodenkräutern als von Bäumen und Sträuchern.

So mache ich mir meine Gedanken über den Wald, denn außer Laufen habe ich nichts zu tun, keine Tätigkeit, die Konzentration erfordert; ich denke nach, über alles mögliche: an zuhause, an Freunde und Bekannte. Wie wird das Wetter wohl sein? Bestimmt regnerisch und kalt, das übliche in dieser Jahreszeit... einen Brief müßte ich noch schreiben – Blödsinn! Wo soll ich den hier aufgeben?!

Wolfram reißt mich aus meinen Gedanken: »Christine würde die Landschaft bestimmt unheimlich gefallen, der ganze Busch, der Wald...« Er blickt über die Baumriesen und in die Sonne, kneift die Augen zusammen und denkt sichtlich über irgendetwas nach. Hoffentlich war Christine mit dem ganzen Unternehmen einverstanden, denke ich. Gesagt zu mir über irgendwelche Bedenken hatte sie aber nichts. Wir hatten zwar in der Stadt noch ein kurzes Gespräch, bei dem sie meinte, daß Wolfram unbedingt wieder rechtzeitig zu Ihrer Flugbuchung in Bangui sein müßte, da sie verständlicherweise nicht noch einige Wochen hier sinnlos herumhängen möchte.

Aber das ist ja kein Problem. Schließlich kann ihr Mann mit dem Rover zurückfahren, wir drei bleiben dann hier.

106

Verdreckt und
hungrig:
Peter und ich
beim Mittagessen

107

Ich ziehe meinen Hüftgurt vom Rucksack nach und nehme einen Schluck warmes Wasser aus meiner Feldflasche.
Wir laufen weiter.

L'ÉCOLE

Dienstag, 18. März 1986.
Wir laufen in der Hitze des Spätvormittags, rechts und links des Weges vom Busch flankiert.
»Hütten!« ich deute mit der ausgestreckten Hand nach vorne. Rechts im Urwald, in einigen hundert Metern Entfernung liegen Hütten, auf der Piste stehen einige Afrikaner und palavern – Pygmäen und Bantu, teils im Lendenschurz, oft aber auch mit ärmlich zerrissenen Kleidungsstücken versehen.
Wir beschleunigen unsere Schritte. Vor mir läuft Peter mit seinem dunkelgrünen Rucksack. Ich sehe nur seine Beine mit der schmutzigen, staubüberzogenen Hose. Ralf trägt zusätzlich unseren Sechs-Liter-Wasserkanister, das warme Wasser schwappt bei jedem Schritt hin und her, große Schweißflecken zeichnen sich unter seinen Achseln auf seinem beigen Hemd ab.
»Ich bin gespannt, was das ist,« sage ich zu Wolfram, der wieder einmal Mühe hat, seinen Buschhund zu einem ordentlichen Gang an der Leine zu bringen. Winni ist noch jung, er läuft mal links, Sekunden später entscheidet er sich für die rechte Seite – und verheddert sich natürlich prompt in der Leine.
»Vielleicht eine Missions-Station. Ich habe derartige Stationen schon an den unmöglichsten Plätzen gesehen,« gibt er mir zur Antwort.
Wir sind da. – Über einen staubigen Graben wurden einige dünnere Baumstämme gelegt, rechts und links verläuft ein Zaun – der Eingang.
Wir betreten das Areal, setzen unsere Rucksäcke ab und bleiben zunächst einmal abwartend stehen.

Schwarze Männer und Frauen oft mit den traditionell geflochtenen Transportkörben versehen, prägen das Bild. Kleine Kinder und Halbwüchsige stehen abwartend herum oder spielen miteinander.
Ein sauber gekleideter Weißer nimmt offenbar ethnologische Untersuchungen vor; soeben mißt er die Fußlänge eines Pygmäen. Einige Meter weiter arbeitet eine ebenfalls weiße Frau mittleren Alters, gleichfalls mit Kugelschreiber und Schreibblock ausgestattet.
»Vielleicht holländische oder französische Wissenschaftler, Völkerkundler oder etwas Ähnliches?« frage ich Ralf. Wir haben das Interesse der Afrikaner geweckt, die aber im Gegensatz zu den Stadtbewohnern äußerst zurückhaltend sind. Ralf erkundigt sich bei der Europäerin nach dem Zweck der Gebäude. Ein Langhaus, an dem noch gearbeitet wird, eine selbstgebaute, kleine Garage – offenbar für einen kleinen Personenwagen – ein Wohngebäude und mehrere Hütten vervollständigen die Bauwerke auf dem Platz. Dazwischen sauber angelegte Wege und kleine Grünflächen, gepflanzte Bäumchen und Sträucher – die ganze Aufmachung ist eindeutig europäisch, afrikanische Dörfer haben einen anderen Charakter.
Wir haben vor einiger Zeit in nördlicher Richtung schon zwei, drei Hütten am Pistenrand gesehen und die Bewohner gefragt, ob man hier Kaffee, Tee oder Wasser haben könne. Man deutete nach Süden, offenbar war diese Mission oder was auch immer es gemeint.
Ralf kommt zurück, neugierige Blicke folgen ihm. »Also, das hier ist eine französische Schule. Zu essen bekommen wir nichts, aber Wasser gibt es hier, weiter unten im Urwald befindet sich eine Wasserstelle oder ein Brunnen. Ich habe nicht gerade den Eindruck, daß wir hier erwünscht sind!« beschließt Ralf seine Recherchen.
Von Missionsstationen konnte man normalerweise Gastfreundschaft erwarten. Die Angestellten,

Arbeiter und Missionare - egal welcher Konfession - sind über Abwechslung im Busch immer dankbar. Hier wollte man offenbar seine Ruhe.

»Können wir die Rucksäcke hier lassen?« fragt Peter.

»Würde ich nicht machen, die liebe »Dame« war sehr ungehalten über unsere Anwesenheit; besser, wir nehmen sie mit...« gibt Ralf zur Antwort, und wir nehmen unsere Rucksäcke wieder auf. Wir hätten natürlich für Essen und Trinken bezahlt, deshalb frage ich mich, weshalb wir einen höflichen Rausschmiß ernteten und vor allem: »Was will man hier mit einer Schule, die von Weißen geleitet wird?« überlege ich, während wir auf einem schmalen Flußpfad in das Dämmerlicht des Urwaldes marschieren.

Gut, wir sehen nicht gerade salonfähig in unserer verschmutzten Khaki-Kluft aus, zugegeben, aber wer beurteilt hier im Urwald jemanden nach seinem Äußeren? Immerhin gibt's Wasser, der Vorrat in unseren Feldflaschen und die schale Brühe in unserem Falt-Kani ist bald aufgebraucht. Wir marschieren im Gänsemarsch durch den Regenwald, Bananenstauden, große, weit in den Himmel ragende Bäume, oft vom Baumwürger befallen, Lianen, Schlingpflanzen und umgestürzte Bäume bieten eine großartige Naturbühne.

Vögel kreischen. Es zwitschert, summt und raschelt überall. Grün, wohin man sieht.

Oft können wir ungehindert zwischen den großen Säulen der Baumstämme gehen, und wir hören keinen Laut, ausgenommen das gelegentliche Geschnatter von Vögeln in der Höhe oder das weit entfernte Lärmen von Affen.

Dieses scheinbare Fehlen von Leben täuscht, denn viele Waldtiere leben nächtlich; am Tage schlafen sie in Höhlen oder Baumlöchern.

Wenn ein Baum stürzt und einige seiner schwächeren Nachbarn mit niederreißt, bietet sein verrottetes Holz wirbellosen Tieren und Pilzen Wohnung und Nahrung.

Wesentlicher aber noch ist die nun entstandene Lichtung, denn sie stellt eine neue Umwelt für Pflanzen und Tiere dar.

Das Sonnenlicht fördert dann zumeist das Wachstum nachfolgender Sträucher und Kräuter, die den Tieren der niedrigeren Waldschichten einen fruchtbaren Lebensraum bieten.

Wir sind hier in einer flachen Gegend, in bergigen Regionen hat der tropische Regenwald einen anderen Charakter, der ebenfalls durch extreme Feuchtigkeit geprägt ist. Solche Gebiete sind dann oft in Nebel und Wolken gehüllt, und meist gibt es viele Niederschläge.

Die Tagestemperaturen sind hoch, aber die Nacht bringt feuchte Kälte. In Zentralafrika sind diese Regionen die Heimat des Berggorillas.

Einen besonderen Lebensraum für Tiere bieten in unserem Gebiet die Epiphyten des Waldes - etwa bestimmte Orchideen oder Ananasgewächse.

Diese Scheinschmarotzer wachsen auf anderen Pflanzen, um so zum Sonnenlicht vorzudringen. Sie sind jedoch keine Parasiten, denn sie entziehen ihren Wirten keine Nährstoffe. Viele von ihnen besitzen herabhängende Wurzeln, die aus der feuchten Luft Wasser aufnehmen. Um diese Wurzeln häufen sich abgestorbene Blätter und andere Abfälle von den Epiphyten an und bilden Humus, in dem wieder wirbellose Tiere leben.

Die übereinanderliegenden, eingerollten Blätter dieser Pflanzen fangen Wasser auf und bilden Miniaturtümpel, die manchen Lurchen und Insektenlarven als Lebensraum dienen. Einige Frösche legen ihre Eier dort hinein, und die Kaulquappen leben dann in dem Wasser, bis auch sie zu Fröschen geworden sind.

Wir laufen zwischen großen Bäumen hindurch, der Pfad geht nun leicht bergab. Noch einige Meter, dann liegt er vor uns: ein gemauerter Brunnen, eine eingefaßte Quelle mit einem Wellblechdach. Eine Plastikschüssel an einer Kette liegt im etwa dreißig Zentimeter tiefen, glasklaren Wasser.

Wir werfen die Rucksäcke ab und trinken das angenehm kühle Wasser, ohne es zu entkeimen, schütten es uns über die Köpfe und ins Gesicht – ein herrliches Gefühl.

Die Feldflaschen und unser Kanister werden aufgefüllt, jeder sucht sich einen Sitzplatz. Im dichten Regenwald ist es etwas kühler und wenn die Luftfeuchtigkeit nicht wäre, könnte man sogar von einem angenehmen Klima sprechen, denn die Sonne wird durch die großen Baumkronen zurückgehalten, es herrscht ein fahles Licht.

Ich betrachte unsere Umgebung: Von der Quelle weg führt ein schlammiger Pfad zu den zwei Seitenarmen eines mehreren Meter breiten Baches, dessen Wasser durch den Untergrund goldbraun schimmert. Die Ufer sind matschig, der Bach wird von einer grünen Mauer aus Blättern, Astwerk und Ranken eingeschlossen. Diese rechts und links aufragende Pflanzenwand wölbt sich in nur einigen Metern Höhe zu einem grünen Dach – aus der Luft dürfte das Gewässer nicht zu sehen sein.

Die Eingeborenen haben neben einem großen, alten Baumstumpf eine Grube in den Schlamm gegraben, um darin ihr Maniok, große, braune Wurzeln, die später zu Mehl verarbeitet werden, zu wässern. Dadurch sieht das abgestandene Wasser trüb, fast kokosmilchartig aus, es bilden sich schaumige Bläschen, ähnlich wie Speichel.

Der Boden rund um die Quelle ist aufgeweicht und viele Fußspuren deuten darauf hin, daß die Einheimischen ihren täglichen Wasserbedarf hier holen.

In zehn, zwölf Metern Umkreis wurde der Platz gerodet, dann ragen rundum hohe Bäume und Büsche auf.

Wir sitzen da, lassen das ganze Bild auf uns einwirken und überdenken die nächsten Schritte.

Ich greife in meine Hemdtasche, hole mit eine Zigarette aus der zerknüllten Packung und stecke sie mir zwischen die Lippen. Wolfram gibt mir Feuer – er bevorzugt die kongolesischen Zigaretten ohne Filter.

»Wie du das Zeug nur Rauchen kannst, die schmecken ja furchtbar!« grinse ich ihn an und schüttle den Kopf.

»Junge, du hast keine Ahnung!« bekomme ich zur Antwort und genießerisch bläst er den Rauch von sich.

Wir möchten nach einer kurzen Pause wieder hochmarschieren zur Schule, von dort aus auf der Piste weiter südwärts.

Mittlerweile kommen auch Frauen mit großen Holz- und Blechtöpfen, um Wasser zu holen, auch Halbwüchsige sind dabei.

Alles ist freundlich und höflich, wir lassen unsere Rucksäcke offen, hier wird nichts gestohlen.

»Vorsicht, Skorpion!« Peter deutet auf kleine, rote, nur zentimetergroße Skorpione, die sich in den Pfützen um die Quelle aufhalten. Sie bewegen sich flink im Wasser um unsere Stiefel. So kann uns nichts passieren, aber mit den bloßen Füßen drauftreten möchte ich nicht, denn die kleinen Kerle scheinen äußerst angriffslustig zu sein. Stets sind sie in Angriffsstellung – ihre kleinen Scheren halbkreisförmig von sich gestreckt.

»Los, Wolfgang, laß' dich mal beißen, mal sehen, was passiert!« grinst mich Peter an, ich schüttle entschieden den Kopf, und wir wenden uns wieder unserer Umgebung zu.

Wahre Schwärme von Schmetterlingen in den leuchtendsten Farben flattern umher. Sie setzen sich in großen Ansammlungen auf den feuchten Boden, um Wasser zu trinken. In einer Astgabel hängt eine, etwa einen Meter lange, tote Schlange mit einer schwarz-roten Zeichnung – von Einheimischen erschlagen.

Offenbar kann man diese Art nicht essen, sonst wäre sie längst gegrillt und verspeist worden.

Mädchen halten sich schüchtern abseits, kleine Jungs sind schon mutiger und setzen sich neben uns, um die weißen Männer mit ihren seltsamen Tragekörben zu studieren.

Ralf erkundigt sich nach Führern für den Urwald.

Wolframs und mein
»Wasserweg« ins verbotene
Gebiet

Bei dieser
Brühe verstopft der
Wasserfilter

Es bieten sich verschiedene Jungs an, aber die Aussagen sind so widersprüchlich, daß wir uns noch nicht entscheiden wollen.

Zumal sprechen viele nur einige Brocken französisch und die Verständigung bei Detailfragen ist kompliziert.

Wolfram schnippt seine Zigarette weg, ich stehe auf und gehe zu meinem Rucksack.

Wir machen uns fertig - wieder zurück zur »École«...

DIE SACHE MIT DEM FÜHRER

»So langsam müßten wir etwas Eßbares auftreiben!« meint Peter zu mir, während wir auf einer Piste marschieren.

Stimmt - wir haben seit 14 Stunden nichts mehr gegessen, nur getrunken.

»Wie wär's mit Schweinebraten, Sauerkraut und rohen Knödeln?« frage ich ihn.

»Und ein Hefe-Weißbier. Vom Faß!« Peter verdreht verzückt die Augen. - Bayerische Wunschträume...

Wir steuern auf zwei Lehmhütten zu, deren Dächer mit getrockneten Palmzweigen bedeckt sind, in der Hoffnung, irgendetwas Essbares zu erstehen. Wir haben Glück.

Ralf unterhält sich mit einem gut französisch sprechenden Afrikaner, der uns anbietet, unter einem Strohdach Platz zu nehmen. Man bringt sogar Stühle, und wir lassen uns zufrieden unter dem Palmdach nieder - dem einzigen Platz, wo man vor der Sonne einigermaßen geschützt ist.

»Das tut gut!« sagt Peter und streckt sich gemütlich aus. Ralf zieht sogar seine Stiefel aus und sitzt zufrieden auf seinem Holzsessel.

Egal, was uns vorgesetzt wird: Wir essen alles mit Ausnahme der bereits beschriebenen Würmer. Und was für die Einheimischen gut ist, kann für uns

nicht übermäßig schädlich sein. Zudem haben wir gar keine andere Wahl - unsere Expeditionsnahrung liegt in der Hauptstadt. Die Geschmäcker freilich sind verschieden und das Risiko einer eingefangenen Krankheit ist auch nicht unerheblich.

Bisher allerdings hatten wir diesbezüglich keine Probleme und auch später ging alles glatt.

In der Hoffnung auf Fleisch werden wir allerdings enttäuscht, weder Hund, Affe oder Schlange wird serviert. Nein, es handelt sich um Maisbrei mit Sardinen - in Öl, versteht sich.

»Ölsardinen! Wo haben die Ölsardinen her?« wundert sich Ralf. Leider haben wir keine Konserve, um das Importland ausfindig zu machen.

Wir langen kräftig zu. Der Maisbrei ist zwar nicht gerade eine kulinarische Köstlichkeit, aber er sättigt schnell. Und bei den vor Öl triefenden Sardinen sollte man schon eine Unterlage im Magen haben.

»Nun sag' bloß, das schmeckt dir?« Peter verzieht das Gesicht. »Ich hab' schon Besseres gegessen«, gebe ich zurück »aber wir können hier nicht wählerisch sein.« »Was uns nicht umbringt, macht uns nur noch härter!« nuschelt Ralf und formt sich einen Ballen aus Maisbrei, den er in Öl taucht und in den Mund schiebt.

Peter konzentriert sich mehr auf die Ölsardinen.

Von einer Afrikanerin erstehen wir noch warme, in Öl gebackene, braune Gebäck-Kugeln.

Nun haben wir alles wild durcheinander gegessen und getrunken: Fisch, Maisbrei, Öl, Gebäck, Wasser.

Der Erfolg stellt sich ein: Wir sind satt.

Normalerweise essen wir tagsüber aufgrund der große Hitze nichts - der Körper wird zu stark belastet. Ich habe - allen Warnungen zum Trotze - ein einziges Mal in der prallen Mittagshitze eine große Portion heiße Fertignahrung gegessen. Geschmeckt hat es prima, aber wenn ich daran denke, in welchem Zustand ich hinterher war, möchte ich dieses »Erlebnis« schnell wieder vergessen...

Peter auf Exkursion

Erledigt von Hitze und Luftfeuchtigkeit

Bei der Hitze kann man auch auf's Hemd verzichten

113

»So. Gegessen haben wir, gut geht's uns auch, was nun?« steht die Frage im Raum.

»Erstmal verdauen...:« Ralf wirft unserem Gast, einem struppigen, ockerfarbenen Hund, ein Stück Maisbrei zu.

Als der Hausherr kommt, fragen wir ihn nach einem Eingeborenen, der gegen Bezahlung bereit wäre, als Führer zu fungieren, und zwar tiefer in den Urwald - noch besser zu einem Pygmäenstamm.

Wir setzen uns zusammen, ein Freund unseres Gastgebers kommt hinzu und Ralf dolmetscht - wie üblich.

»Zufälligerweise« ist der Freund ein Buschkenner. Ein Profi-Führer, sozusagen, *der* Führer am Platze schlechthin.

Unser schwarzer Freund strahlt über das ganze Gesicht, er ist hier Lehrer und unterrichtet Kinder und Erwachsene aus der ganzen Gegend - sofern diese zum Unterricht erscheinen. Seine Schule steht weiter oben im Busch, ein halboffener, aus Lehm, Stämmen und Blättern errichteter Bau.

Staatliche Maßnahmen zum Thema Fortschritt - auch im Urwald.

»Der Führer gefällt mir nicht!« meint Wolfram leise zu mir. »Zu profilike - sieh' dir mal seine Klamotten an, dem scheint's richtig gut zu gehen.«

Ich bin auch nicht von dem guten Mann begeistert. Man bietet uns an, morgen zusammen loszugehen, Wolfram und ich trauen der ganzen Sache nicht.

»Mir wäre ein eingeborener Bantu oder Pygmäe wesentlich lieber,« sage ich zu ihm gewandt.

»Wir sollten weitermarschieren und versuchen, in einem Eingeborenendorf einen Führer anzuheuern - das wäre das Ideale!« meint auch Wolfram.

Wir lehnen höflich, aber bestimmt das Angebot ab und fragen unseren Gastgeber, was wir für die Mahlzeit schuldig wären. »Nichts!« ist die Antwort, aber über ein kleines »Cadeau« würde er sich freuen...

»Peter, deine Uhr!«, Ralf streckt ihm die offene Hand hin. »Was, eine Uhr nur für ein Essen?!« regt er sich auf; von diesem Vorschlag ist er nun überhaupt nicht begeistert. Aber immerhin habe ich die Uhren extra dafür besorgt und widerwillig drückt er die Billig-Uhr Ralf in die Hand.

»Wir wissen nicht, ob wir die Hilfe des Lehrers noch einmal brauchen,« sage ich zu meinen Freunden. »Zum Beispiel zum Dolmetschen bei Eingeborenen oder falls wir doch auf das ursprüngliche Angebot mit dem »Führer« eingehen. Außerdem ist's immer von Vorteil, einen guten Ansprechpartner zu haben, der die entsprechenden Dialekte spricht und sich mit Sitten und Gebräuchen auskennt.«

Gut, er hatte eindeutig eine Uhr gefordert, ein stolzer Preis für afrikanische Verhältnisse, aber immerhin hatten wir etwas im Magen, und ich war davon überzeugt, daß die Eingeborenen im Urwald diesbezüglich anders reagieren würden.

Wir schultern unsere Rucksäcke und brechen auf, wieder der kongolesischen Grenze entgegen.

Mittlerweile ist es heiß. Verdammt heiß.

Schweißgebadet marschieren wir im rötlichen Staub. Die Hitze hier ist so ziemlich das Schlimmste, was ich bisher erlebt habe - das Sahara-Klima ist wegen der fehlenden Luftfeuchtigkeit dagegen die reinste Erholung. Jede Bewegung verursacht Schweißausbrüche ungeahnten Ausmaßes, die Augen brennen vom salzigen Schweiß, der uns von der Stirn abwärts rinnt.

Aber - wir laufen.

VERGEBLICHER VORSTOSS

»Pause!« Ein einziges Wort - ich weiß nicht mehr, von wem es kam - das untrennbar mit der Gedankenfolge »Rucksack ablegen - hinsetzen - ausruhen« verbunden ist.

Es gab keinen von uns vier, der darauf bestanden hätte, weiterzumarschieren. Wir ließen uns alle in den Staub der Piste sinken. Winni, der Hund kroch in den spärlichen Schatten großblättriger Pflanzen. Ich nahm zwei Mineralsalztabletten und spülte die Dinger mit lauwarmem Wasser hinunter.

»Erleben sie den afrikanischen Urwald – hautnah. Ein dezentes subtropisches Klima hält sie mit seinem Zauber gefangen. Spüren auch sie die Exotik von nahezu 90 Prozent Luftfeuchtigkeit und das Erlebnis von Wasserblasen an den Fußsohlen...«

»Idiot!« unterbrach mich Peter, dem das Klima ebenfalls zu schaffen machte.

Wir hockten völlig erschossen am Rande der Piste, aber schließlich konnten wir hier nicht ewig sitzen...

»Auf geht's!« Wolfram und ich standen auf und nahmen unser Gepäck. Nun ging es zur Abwechslung leicht bergan, langsam liefen wir in der Hitze weiter.

»Pygmäen!« ich zeigte auf einige Strohhütten, die sich am Rande des Weges befanden.

»Hier können wir vielleicht einen Führer finden!« meinte auch Wolfram, und wir steuerten zielstrebig nach rechts, den Behausungen aus Lehm und Stroh entgegen.

Das Gepäck wurde abgestellt, Ralf und ich gingen langsam auf die ersten Hütten zu. Zwei Männer betrachteten uns mit abweisenden Blicken.

»Komm, Ralf«, sagte ich zu meinem Kameraden. »wir kehren um und setzen uns außerhalb auf den Weg. Sie sollen von selbst zu uns kommen und Vertrauen haben – vielleicht gilt es hierzulande als unhöflich, mitten in ein Dorf zu platzen.«

Ich verspürte nicht die geringste Lust, durch unbedachtes Verhalten Sympathien zu verscherzen und die Leute durch taktloses Benehmen unsererseits zu verärgern. Wolfram und Peter sahen uns mit fragenden Blicken an.

»Hinsetzen und abwarten,« meinte ich und hockte mich hin. Wir machten es wie die Afrikaner; denn die haben Zeit, getreu ihrem Motto: »Nur nichts überstürzen« oder – um Ralfs Worte zu verwenden: »Gemach, Gemach..!«

Und tatsächlich dauerte es nicht lange, da kamen sie: Frauen und Männer im Lendenschurz, einige mit Speeren, Messern und Äxten in den Händen und setzten sich uns gegenüber.

Jede Partei betrachtet die andere in der Hoffnung, vom unbekannten Gegenüber irgendwelche Reaktionen zu erkennen, aus denen man Schlüsse ziehen kann.

Wir strahlten »Lässigkeit« aus, die Eingeborenen zogen die gleiche Show ab.

Ich stand auf, bot einigen Männern Zigaretten an, die diese freudig annahmen; auch Frauen und Kinder hielten die Hände auf. Im Nu waren die Stäbchen verteilt und ich fing an, den Beschenkten Feuer zu geben.

Danach zog ich mich wieder zwei Meter zurück und setzte mich hin.

»Wir sitzen hier 'rum wie die Deppen!« kommentierte Wolfram die Lage, und ich mußte ihm recht geben: Sehr intelligent schauten wir wirklich nicht aus der Wäsche.

»Peter, du hast doch unsere Sofortbild-Kamera dabei, oder?« wandte ich mich nach hinten.

Er nickte.

»Hol' sie doch mal her und mach' einige Fotos von ihnen, vielleicht können wir damit das Eis brechen.«

Schließlich hatten wir uns für derartige Zwecke extra eine Sofortbildkamera angeschafft, also sollte man diese auch einsetzen.

Peter wühlte im Rucksack und kam dann mit dem schwarzen Wunderding anspaziert.

Ich stand auf und versuchte gestenreich deutlich zu machen, ob die Leute mit einem Foto von sich einverstanden wären, ob man sich darüber freuen würde.

Man lachte, nickte begeistert, und schon stellten sich einige Männer und Kinder in Positur.

»Paßt mal mit auf, wer hier das Sagen hat!« sage ich zu meinen Freunden, denn mit ein wenig Beobachtungsgabe erkennt man oft schnell die- oder denjenigen, die eine entsprechende Stellung im Stamm innehaben.

Aha – der muskulöse Mann links außen teilt das Gruppenbild etwas ein, schickt einige Kinder und Leute auf gewisse Positionen.

»Fotoapparate scheinen sie zu kennen,« meint Ralf und zieht seine Stirn in Denkerfalten; zumindest harrte alles in erwartungsvollem Schweigen aus, bis es »Klick« machte und vorne aus der Polaroid-Kamera ein weißes Etwas kam.

Peter schwenkte das Bild hin und her – es dauert einige Zeit, bis die Farben wirklich gut zu sehen sind. Wir gaben das Bild dem Gruppenführer. Der sah es an, lächelte, ging zu den anderen des Stammes und zeigte es herum. Eine fast zahnlose, alte Frau lachte, zeigte einige Zahnstumpen und deutete auf die verschiedenen Männer, Frauen und Kinder, die da auf dem Papier abgebildet waren.

Der Führer zählte die Namen der Abgebildeten auf – großes Hallo bei den Anwesenden.

Peter machte sich beliebt, indem er nach der eingeholten Erlaubnis der Pygmäen noch ein Bild schoß, das diesmal natürlich die anderen Anwesenden zeigte.

»Nun fragen wir mal den Pygmäen mit der Hose, ob er uns führen möchte – Ralf, dein Auftritt.« Ralf redet auf Französisch auf den Eingeborenen ein, es ergeben sich sprachliche Schwierigkeiten, aber schließlich hat jeder den anderen verstanden – der freundliche Mann kommt mit uns mit. Er spricht mit seinen Leuten, geht ins Dorf und kommt bald zurück, ohne Hose; im traditionllen Lendenschurz – die Jagd- und Buschkleidung im Urwald.

Für uns wird es höchste Zeit, weiterzumarschieren, denn mittlerweile kommen Schwärme von kleinen, schwarzen, stechfreudigen Insekten, die sich mit wahrer Begeisterung auf uns stürzen. Busch-

hut und Rucksack aufgesetzt – wir laufen weiter.

»Wenn ich ihn richtig verstanden habe,« sagt Ralf zu mir, »sind es etwa fünf Kilometer auf dieser Piste nach Süden oder Südwesten bis zum nächsten Eingeborenen-Lager.«

Wir laufen bergauf, farbenfrohe Heuschrecken und Schmetterlinge sitzen in der Sonne, ab und zu huscht eine Eidechse ins Gebüsch. Die feuchtwarme Hitze lastet wie eine Haube über uns – Mittagszeit. Die übliche Backofentemperatur. Um diese Zeit zieht sich jeder vernünftig denkende Mensch in den Schatten zurück und achtet darauf, irgendwelche, nicht unbedingt nötigen Bewegungen zu vermeiden.

Ist das Laufen ohne Gepäck schon eine tüchtige Anstrengung, so ist das Ganze mit Rucksack eine wahre Tortur.

»Ich brech' zusammen …« brummt Peter, als er an meiner Seite marschiert. »Meinst du, mir geht es besser?« schief grinse ich ihn an.

Ralf wischt sich den Schweiß mit seinem Halstuch vom Gesicht. Ein sinnloses Unterfangen, aber man macht es fast automatisch. Der Mund trocknet aus, die Lippen kleben zusammen, man trottet vorwärts.

Unserem Führer macht die Hitze offenbar wenig aus. Er ist an die klimatischen Verhältnisse gewöhnt, ist hier geboren und aufgewachsen. Barfuß geht er vor uns her und ich bin mir sicher: Würde er jetzt seinen Pirschgang einschlagen, kämen wir unmöglich hinterher.

Die schwarze Fliegen kommen wieder.

Sie sind nur ein, zwei Millimeter groß und langsam, sitzen erst einmal auf dem menschlichen Körper. Man braucht sie nicht zu erschlagen, man wischt das kleine Leben einfach aus. Aber sie nerven, sie jucken, sie tyrannisieren.

Winni, der Buschhund zeigt deutliche Anzeichen von Erschöpfung. Er läßt seine Zunge weit heraushängen, hechelt und läuft brav an seiner Leine, ohne zu zerren.

Wir verpflegen uns bei den Einheimischen

Eine Pygmäen-Rundhütte am Wegesrand

Die einsame Hütte im »Verbotenen Gebiet«

117

»Der wird sich auch denken, wir haben sie nicht mehr alle!« sage ich zu Wolfram, der zurückgrient. Fünf Kilometer, das ist keine Strecke, das ist normalerweise ein Klacks.

Wie oft sind wir alle ein Vielfaches mit einem halben Zentner Gepäck gelaufen, in der Sonne, bei eisiger Kälte, in größeren Höhen?

Nun aber sind wir fertig.

»Mir reicht's!« sagt Peter, geht an den Wegrand zum spärlichen Schatten, wirft seinen Rucksack ab und läßt sich auf den Boden fallen.

»Ich gehe nicht mehr weiter – keinen Meter! Ich kehre um, ihr könnt machen, was ihr wollt!« Er ist wütend. Wir setzen ebenfalls unser Gepäck ab und rasten, der Führer setzt sich neben uns.

»Ralf, sei mal so gut und frage ihn, wie weit es noch ist!« bitte ich ihn:

Die Antwort ist afrikanisch: »Nicht mehr weit...«

Das kann alles mögliche heißen: Einen, drei oder zehn Kilometer, die Eingeborenen tun sich mit den uns vertrauten Entfernungsangaben schwer. Bei ihnen zählen andere Dinge: Wasserstellen, markante Bäume, Tiertränken oder Dörfer.

Kaum sitzen wir, kommen die lästigen schwarzen Fliegen. Scharenweise. Für eine zerquetschte taucht ein Dutzend neuer Fliegen auf. Ich gehe den Weg einige Meter zurück – nichts zu machen, sobald man stehenbleibt oder sitzt, stürzen sie sich auf die verschwitzte Haut.

Trotz der Hitze rolle ich meine dreckigen Hemdsärmel nach unten. Peter bindet sich ein großes Halstuch um den Kopf, Ralf schließt auch seinen letzten Hemdknopf. Es hilft alles nichts, wir werden ununterbrochen attackiert.

»Dreckiges Drecksland!« Peter flucht und schlägt nach den Fliegen.

»Ihr könnt von mir aus weitergehen, aber ohne mich. Ich kehre um, und damit basta!« schimpft er wieder.

Auch wenn man es sich offiziell nicht eingestehen will: Wir sind geschafft.

Sicher – wir könnten weitermarschieren, aber wie lange noch? In unserem Kanister befindet sich vielleicht noch ein Liter Wasser, und wo die nächste Nachfüllmöglichkeit sein wird, wissen wir nicht.

Ich stehe auf, laufe etwas nach unten zum Austreten und gehe ein Stück in den Busch, in der Hoffnung, die lästigen Fliegen abzuschütteln. Nichts zu machen. Nach einigen Sekunden fallen sie in alter Manier wieder über einen her.

Als ich zurückkomme, ist die Sache bereits beschlossen: Wir kehren um, in der Gluthitze kommen wir nicht vorwärts und Peter ist der erste, der mit verbissenem Gesichtsausdruck zurückmarschiert.

Hoffentlich ist unser Führer nicht verärgert, aber der lächelt verständnisvoll und schließt sich uns an. Auch er hat kleine Schweißperlen auf der Stirn, aber im Gegensatz zu uns macht er einen geradezu unverschämt fiten Eindruck.

Wir schlurfen zurück. Winni ist fertig und wird den Rest der gesamten Strecke getragen. Ralf und ich wechseln uns mit dem Tragen des Kanisters ab.

In meinem Kopf summt es, wir laufen langsam wieder nordwärts, zurück in den kühleren Urwald.

Ich marschiere zu Wolfram.

»Mittags zu laufen, können wir vergessen!« sage ich zu ihm. »Stimmt, es ist viel zu heiß; wir müssen versuchen, im Urwald unter den großen Bäumen zu marschieren, bei *dieser* Sonne unsere einzige Möglichkeit.«

Ok, denke ich mir, wir haben einen Fehler gemacht. Aber aus Fehlern lernt man, wir werden uns in Zukunft eben umstellen...

INS VERBOTENE GEBIET

»Wir benutzen den Bach als Weg, um tiefer in den Busch zu kommen. Was meinst du dazu, Wolfgang?«

118

**Ein alter Pygmäe trinkt Palmwein
im Eingang seiner Hütte**

Eine Pygmäenfrau vor ihrer Hütte

119

Darüber hatte ich mir auch schon Gedanken gemacht und mir fiel ein Buchtitel ein: »Wasserwege in die Freiheit«. Nur daß dies mit Freiheit wenig zu tun hatte, es sei denn, man verband das Wort »Freiheit« mit »Urwald«. Wir saßen klatschnaß im Dschungel, verdreckt, zerstochen und müde. Peters Gesprächsthema Nummer eins: Heimflug. Immerhin waren wir wieder an der Quelle, hatten somit Wasser und Schatten, und alles in allem ging es uns nicht schlecht: Niemand hatte Kreislaufbeschwerden, Durchfall oder Anzeichen für irgendwelche tropische Krankheiten, wir waren bisher weder auf Schlangen noch Krokodile gestoßen. Nüchtern betrachtet also war alles in schönster Ordnung.

»Ich gehe Baden!« verkündete Ralf, sprach's und trabte in den Bach, wo zwei eingeborene Frauen gerade Wäsche wuschen.

Mit nacktem Oberkörper stand er im Bach und genoß das Wasser, das er sich über die Brust und über den Kopf schüttete. »Das Hemd wird hier nie mehr trocken!« rief ich ihm zu, doch Ralf bestand darauf, sein Hemd zu waschen.

Wolfram und ich berieten die Möglichkeit, über den Wasserweg in das undurchdringliche Grün des Waldes zu gelangen.

Angelzeug hatten wir dabei, vielleicht könnte man auch gleich das Abendessen damit fangen – zwei Fliegen mit einer Klappe. Irgendwohin mußte der Bach schließlich fließen, denn vor einiger Zeit war ein älteres Ehepaar ebenfalls im Bach watend um die Ecke verschwunden. Als es schließlich zurückkam, erkundigte sich Ralf bei einem schwarzen Knaben nach der Tätgkeit der beiden Eingeborenen.

Der grinste und machte eindeutige Gesten, die nur allzu verständlich waren . . .

»Mein Gott, sind wir naiv!« dachte ich und mußte schmunzeln, wenn ich an den Frühling in unseren Breiten dachte: zurück zur Natur . . .

Ich fragte Peter, ob er Interesse hätte, mitzumar-schieren, doch er wollte mit Ralf lieber bei unserem Gepäck bleiben. Auch recht, irgendjemand mußte schließlich auf die Rucksäcke achten, denn ich hatte nicht vor, alles mitzuschleppen.

Wolfram und ich betrachteten den Wasserspiegel. »Wollen wir mit oder ohne Schuhe laufen?« fragte er mich. »Mit Stiefel wäre mir lieber. Wir bringen die Dinger zwar tagelang nicht trocken, aber du hast einen besseren Stand und wir können auch sofort am Ufer in den Busch. Und falls sich im Wasser stechfreudige Tiere befinden, bieten sie einen gewissen Schutz, oder?!« meinte ich zu seiner Frage. Er gab mir Recht und wir gingen daran, unsere Siebensachen einzupacken.

Feldflasche, Messer, Survival-Kit und Fotoapparat – mehr brauchen wir nicht, sprachen wir uns ab.

Baden oder ein Marsch durch Süßwasser in den Tropen bringt immer die Gefahr einer Bilharziose mit sich oder das Risiko anderer, von Würmern oder durch im Wasser befindliche Bakterien übertragene Krankheiten.

Aber wenn ich mir eine Liste vorhandener Risiken im Urwald aufstelle und fest mit nur jeder dritten Krankheit rechne, müßte ich theoretisch nach einer Woche todsterbenskrank sein – man kann alles übertreiben.

»Also dann . . .,« sage ich zu Ralf und Peter, und wir marschieren los.

Schon nach drei Metern am Ufer müssen wir ins Wasser. Wir haben uns zuerst den rechten Seitenarm vorgenommen und kommen im seichten Wasser gut voran, der Untergrund ist weich, ab und zu sinkt man bis über die Knöchel im Schlamm ein, aber es geht.

Weit allerdings kommen wir nicht.

Der Bach verengt sich, wird schließlich immer schmäler und dann stehen wir vor einer Blatt-, Ast- und Wurzelmauer.

Ende.

Wir müssen zurück.

Der linke Ausläufer macht schon einen besseren

120

Unsere Expeditions-Nahrung hat sich bewährt

Pygmäen-Kinder

Eine junge Bananenstaude

Einheimische Kinder bei ihrem Mahl

124

Ralf beim Wassertrinken aus einer Liane

Pause! Der Schweiß läuft
in Strömen...

Die Eingeborenen bei der Vorbereitung zur Jagd

Nahrung im Urwald,
die wir Weißen nie finden würden

Einheimische auf der Jagd

Typische Hütte mit »offenen Wänden«

Während des Laufens stillt die Pygmäenfrau ihr Kind

Die Piste zum Kong

Eine halbfertige Pygmäenhütte

Eindruck. Das Wasser ist immer noch seicht, im schlimmsten Fall sinken wir bis kurz vor die Knie ein.

Große Äste ragen wie Arme über den Bach, einige Meter über uns schließt sich der Wald zu einem grünen Dach. Trotz allem dringt genug Sonne durch die Blätter. Ab und zu müssen wir uns bükken, um unter tiefhängenden Ästen und Lianen hindurchzukommen, dann wieder steigen wir über einen umgestürzten Baum.

Überall gibt es Pflanzen, die auf anderen wachsen: Kletterer, Würger, Parasiten und auch Epiphyten, die andere Pflanzen nur als Halt oder Unterlage benutzen. Die größeren Kletterer, besonders die Lianen, hängen in gewaltigen Schlingen oben zwischen den Baumkronen; wenn sie jedoch Licht und Platz finden, wo sie sich entwickeln können, werden sie größer.

Besonders üppig gedeihen sie auf Lichtungen und an Flußufern. Die meisten kleinen Kletterer aber verbringen ihr Leben im Schatten; wo aber die Sonne eindringen kann, sind sie besonders zahlreich. Epiphyten brauchen verhältnismäßig viel Sonnenlicht, und sie erlangen es dadurch, daß sie auf größeren Pflanzen wachsen. Ihre Nahrung ziehen sie aus Humus, der in den Spalten sitzt. Viele haben Einrichtungen zum Speichern von Wasser ausgebildet. So besitzen einige Orchideen schwammiges Gewebe in ihren Wurzeln, oder sie sammeln wasserhaltigen Humus am Ausgangpunkt ihrer Blätter.

Andere wieder haben herabhängende Wurzeln, die aus der feuchten Luft Wasser absorbieren, oder dicht übereinanderliegende, aufwärts gerichtete Blätter, die einen Behälter bilden und in ihm Wasser festhalten.

An diesen Wasser speichernden Arten können Algen, Flechten, Moose und Farne wachsen.

Die Würger wachsen aus Samen, die in den Astgabeln großer Bäume liegen.

Sie schicken zum Boden Wurzeln herab, die sich rund um den »Wirt« winden, so daß er schließlich abstirbt.

Während er wegfault, bleibt der Würger als hohler Baum stehen. Die häufigsten Würger in Afrika sind die Würgfeigen. Sie werden oft riesengroß.

Außer Pilzen und Bakterien, die gewöhnlich eher abgestorbene als lebende Pflanzen befallen, gibt es im Urwald zwei Typen von Parasiten: Wurzelparasiten, die auf dem Boden wachsen und Halbparasiten, die auf Bäumen gedeihen. Überall herrscht ein blühendes, strotzendes Leben.

»Mist! Das Ding wird schon wieder enger!« meine ich ärgerlich zu Wolfram, der neben mir geht.

Nun übernimmt er die Führung, und wir laufen mal rechts, mal links im Flüßchen. Allerdings nur noch einige Meter weit, dann wird das Bachbett immer schmäler, und schließlich ist alles von den verschiedensten Pflanzen überwuchert.

Zweite Endstation.

»Komisch,« feixe ich, »in den schlauen Survival- und Urwaldbüchern las ich immer, daß jedes Rinnsal in einen größeren Bach mündet und Flüsse im Dschungel der ideale Weg wären. Offenbar waren da einige Autoren noch nicht in dieser Gegend...«

»Theorie und Praxis...« grinst Wolfram zurück.

Wir marschieren etwas zurück, um uns einen Angelpatz zu suchen. »Ein lauschiges Plätzchen!« finden wir schließlich und lassen uns in einer Windung nieder. Ich hole das Angelzeug aus meinem Survival-Kit, und Wolfram versucht sich als Fischer. Zu tun haben wir nichts, wir reden über Gott und die Welt, über den Busch, Afrika, über Reisepartner und zukünftige Unternehmen.

Ab und zu flitzen kleinere Fische im Wasser hin und her, einen wirklich lohnenden, größeren Fisch bekommen wir weder zu Gesicht noch an den Haken.

»Los, komm', gehen wir zurück!« meint Wolfram und wir packen zusammen.

Wolfram geht voraus und bleibt nach ein paar Metern plötzlich stehen.

Interessiert werden unsere europäischen »Tragekörbe« begutachtet

Er deutet nach links in den Urwald.

»Siehst du, was ich sehe?« fragt er und sieht mich an. Und ob! Ein uralter, fast nicht sichtbarer Fußpfad führt in den Urwald. Nun fällt mir auch der alte Eingeborene ein, der vorhin durch den Bach lief und uns grüßte.

Wir sehen uns an und nicken uns zu.

Ohne ein weiteres Wort folgen wir dem Pfad in den Busch. Nur wenige Meter, dann sind wir wieder vom gewohnten Dämmerlicht umgeben. Kurvenreich geht es zunächst bergan.

Pflanzen, Bäume, Sträucher, Lianen. Das gewohnte Bild, aber doch immer wieder anders. Wer denkt, der Urwald ist überall gleich, täuscht sich. Einmal lichter, dann wieder dunkler. Riesige Bäume wechseln sich ab mit Stauden, Büschen, dünnen, braunen langen Stengeln, deren Fruchtstand dunkelgrüne Blätter trägt. Ein einzges Potpourri von Farben mit den Grundtönen Grün, braun und grau. Grellfarbene Blütenstände sprießen zwischen vermoderten umgestürzten Bäumen, blauweiße Schmetterlinge umflattern uns – ein einmaliger Farbkasten der Natur.

Wir marschieren auf dem engen, gewundenen Fußpfad immer tiefer in den Wald.

Plötzlich lichten sich die Pflanzen und Bäume, wir betreten eine Lichtung. Etwas zurückgesetzt steht eine einzige Hütte.

Sie ist alt, aber bewohnt.

Wir blicken uns um, zu sehen ist niemand, vermutlich ist der Bewohner der ärmlichen Behausung auf Jagd.

Die Hütte ist klein, an den Seiten offen und mit getrockneten Palmblättern gedeckt. Ein Bettgestell aus rohen, braunen Stämmen, einige Töpfe, eine kleine Feuerstelle bilden die gesamte Einrichtung – reich ist der Bewohner mit Sicherheit nicht.

Die Asche zwischen den Steinen ist noch warm, der Besitzer muß also mittags noch gekocht haben.

Die ganze Hüttenkonstruktion besteht aus dünnen, in den braunen Boden gerammten Stämmen

und dem nach hinten schräg abfallenden Dach, rund um die Behausung wurden alle Bodenpflanzen entfernt, der Boden ist kahl.

»Niemand zu sehen!« sage ich zu Wolfram, während ich mit meinen Augen die grüne Wand um die Lichtung nach irgendwelchen Bewegungen absuche. Versteckt man sich vor uns? – Wir wissen es nicht.

Was ungewöhnlich ist, ist die Tatsache, daß die Hütte allein in Busch steht. Eine Ansammlung von drei, vier Behausungen würde auf eine Sippe hindeuten, aber eine einzige Hütte? Wir rätseln herum: Die Unterkunft eines Kranken, eines Ausgestoßenen?

Ein Medizinmann ist es mit Sicherheit nicht, dazu ist die Hütte zu armselig, weder Gri-Gris, noch Trommeln, Schmuck oder Fetische sind zu entdekken.

Dann schon eher die Hütte eines Ausgestoßenen – für ein Jägerlager ist die ganze Konstruktion noch zu aufwendig.

»Wenn hier doch jemand in der Nähe ist, dann versteckt er sich so gut, daß wir ihn nie finden,« kommentiert auch Wolfram die ganze Sache.

Wir beschließen, weiterzumarschieren, tiefer in den Wald einzudringen.

Von der Lichtung aus führt wieder ein kleiner, fast nicht als Flußpfad erkennbarer Weg in das Dämmerlicht des Urwaldes, auf dem wir nun weiterlaufen.

Bei jedem Schritt bewegt sich das Wasser in meinen Stiefeln, das Mehrgewicht ist deutlich zu spüren, ähnlich, wie wenn man viel Matsch an den Sohlen seiner Schuhe hat.

Vor langer Zeit muß es hier eine Piste gegeben haben, einen Weg, der von Fahrzeugen benutzt wurde. Denn der kleine Fußpfad kreuzt laufend zwei alte Fahrrinnen, die sich tief in den moderigen Boden eingegraben haben, aber nun überwuchert sind. Pflanzen haben schon lange Besitz davon ergriffen, ihre Stengel und Äste ragen in die Höhe.

Jagdausflug

Die Rinnen haben in etwa Lkw-Breite, was bedeuten könnte, daß die Piste seinerzeit entweder vom Militär, oder, was uns wahrscheinlicher vorkommt, von einheimischen Holzfällern angelegt wurde, um Edelhölzer zu transportieren.

Irgendwohin mußte sie schließlich führen, und Wolfram ist der festen Überzeugung, daß wir über kurz oder lang auf ein verlassenes Dorf oder eine Flußlauf stoßen werden.

Auch Bodenschätze soll es hier geben, während des Laufens ergehen wir uns in Spekulationen: »Meines Wissens gibt's in diesem Gebiet Eisen, Mangan, Uran und - nördlicher - Diamanten. Allerdings in einem Gebiet von tausenden Quadratkilometern - frag' mich bitte nicht, wo genau die Fundstellen liegen.« sage ich zu Wolfram, der vorausmarschiert.

Ich hatte mich erkundigt, wo hier Bodenschätze existieren, denn wo es Fundstellen gibt, ist in der Regel auch Polizei und Militär, eine genaue Auskunft aber bekam ich nicht.

Wir marschierten den Pfad weiter, teilweise war er nicht mehr als solcher zu erkennen, und man mußte schon genau hinsehen, wo sich der Fußweg entlangschlängelte.

Wir kletterten über umgestürzte Bäume, duckten uns unter riesigen, lianenbehangenen Ästen hindurch, schoben mit den Händen große Blätter und Zweige zur Seite.

Während einer Pause unterhielten wir uns über die Bedeutung des Pfades. Wir lehnten an einem großen, umgestürzten Stamm und rauchten.

Ich nahm einen Schluck Wasser aus meiner Feldflasche und wischte mir den Schweiß von der Stirn. Meine Haare unter dem Hut waren klatschnaß, obwohl man hier im Vergleich zum rechts und links liegenden Dickicht gut laufen konnte.

»Solche Pfade bräuchten wir. Und dann einen Führer, das wäre ideal,« meinte Wolfram zu mir und trank ebenfalls einen Schluck.

Die Schwüle hielt sich unter dem großen Blätterdach wirklich in Grenzen, selbst mit dem Rucksack sahen wir keine größeren Probleme, sollten wir einen lohnenden Ausgangspunkt finden. Bis jetzt allerdings tat sich nichts - keine Menschenseele weit und breit, keine Tiere außer Schmetterlingen, Ameisen und Hundertfüßlern.

In Wolfram war der Entdeckergeist erwacht, wir berieten, ob wir umkehren sollten oder nicht. Wolfram steckte mich mit seinem Forscherdrang an - irgendwo muß der Pfad ja enden.

Weiter ging es in den Wald.

Wieder geradeaus, dann eine linke Kurve, nun wieder rechts über einen Baumstamm, unter Zweigen hindurch, dann stehen wir plötzlich vor einem in den Boden gerammten Doppelkreuz. Einer kleinen, aus Ästen gebastelten Konstruktion; nicht einmal einen dreiviertel Meter hoch.

Einige Meter weiter endet der Pfad.

Wir stehen vor einem riesigen, umgestürzten Baumstamm, der raucht und glimmt.

Rund um den Stamm ist Asche verstreut. Kaum treten wir darauf, sinken wir in eine schlammige, weißliche Masse ein.

Ähnlich wie Lehm, aber weich und klebrig.

»Was ist das denn?« frage ich erstaunt und tauche den Finger in die weiße Masse: Absolut geruchlos, vielleicht eine Spur nach Feuer, nach Rauch riechend.

Ich klettere links auf den Stamm, Wolfram läuft nach vorne. Der Baum ist riesig.

»Der liegt schon länger hier, Wolfram!« rufe ich meinem Freund zu, »das war kein Blitzeinschlag, die Rinde fehlt, das Ding ist knochentrocken.«

Aber es qualmt. Überall ist Asche, rot leuchtet die Glut aus dem ausgehöhlten Inneren des Baumstammes.

Wir suchen nach Knochen, Tierresten, nach irgendeinem Anhaltspunkt, der uns über die Verwendung des großen Baumes Aufschluß geben könnte. - Nichts.

»Wie bestatten die Eingeborenen hier eigentlich

**Peter betrachtet mit
den Kindern die
Streifenhörnchen**

**Für uns Europäer
muß alles seine
Ordnung haben.
Hier beim
Abfassen der Foto-
aufzeichnungen**

Peter und ich beim Verpacken

ihre Toten?« will ich von Wolfram wissen, »Begraben oder verbrennen?«

»Keine Ahnung, vielleicht verbrennen!« bekomme ich die Antwort, während er ebenfalls nach Knochenresten sucht.

Die Pygmäen verbrennen ihre Toten, glaubte ich zu wissen, war mir aber in dieser Beziehung auch nicht hundertprozentig sicher.

Die Benutzer dieses Platzes hatten offenbar keine Angst, daß die Glut auf den Wald übergreifen könnte, oder haben wir die Eingeborenen gerade bei irgendeiner Tätigkeit gestört? Zu sehen oder zu hören war jedenfalls nichts - im Gegenteil: Der Wald war eher ruhig, kein Windhauch bewegte die Blätter und Pflanzen. »Bei einer Begräbnisstätte müßten wir zumindest einige Knochen oder Zähne, irgendetwas finden!« rief Wolfram zu mir und suchte den Boden ab.

Aber da war außer dieser schleimigen Masse nichts, und der Baum glühte von Innen heraus vor sich hin - wohlgemerkt nur ein Teil des Baumes.

Wir gaben die Suche schließlich auf, wollten aber sofort die Einheimischen fragen, wenn wir wieder bei unseren Kameraden sind.

Wir marschierten zurück.

Diesmal übernahm ich die Führung. Trotz des oft fast nicht mehr sichtbaren Pfades verliefen wir uns kein einziges Mal, ohne Probleme kamen wir zurück bis zu der bereits erwähnten Lichtung. Der Urwald, die Hütte, alles war wie ausgestorben.

Schade, wir hofften insgeheim, daß der geheimnisvolle Bewohner nun vielleicht anwesend wäre, ihn hätten wir fragen können, was das Ganze mit dem Baum auf sich hatte.

Niemand war zu sehen.

Oder *wollte* man uns nur nicht treffen?

Wir stiegen den engen Pfad hinab zum Bach und marschierten im Wasser zu unseren Kameraden zurück.

Es ging um die letzte Biegung, wir verließen das seichte Wasser und laufen zu unseren Freunden, die neben dem Gepäck sitzen. »Im Bach kommen wir nicht weiter,« erstattete Wolfram Ralf und Peter Bericht, während er sich seine nassen Schuhe auszog. »Wir haben zwar einen Pfad entdeckt, auf dem wir tiefer in den Busch kamen...«

»Hier war ganz schön was los!« unterbricht ihn Ralf. »Ihr seid verflucht worden!«

Wolfram und ich sehen uns überrascht an, sofort fällt mit der Baum ein. »Wie lief das ab?« will ich wissen, während ich das Wasser aus meinem Stiefel kippe und den Socken abstreife. »Da kam eine Alte, kurz nachdem ihr losgelaufen seid. Sie sah euch, verfiel in eine Art Tanz, sang und schimpfte - ein richtiges Ritual.

»Und woher willst du wissen, daß das uns galt?« frage ich Ralf. »Weil ich einen kleinen Jungen, der etwas Französisch spricht, fragte. Ihr seid in irgendein verbotenes Gebiet eingedrungen. Die alte Frau war ganz schön aufgebracht, kann ich euch sagen!« meint nun auch Peter zu uns.

Wir erzählen die Sache mit der alleinstehenden Hütte und dem Baum, und Ralf fragt auch sofort einen der umhersitzenden Jungen.

Die Antwort ist verblüffend: Jeder - auch Leute, die wir zu einem späteren Zeitpunkt fragten - stritten ab, daß es den Baum gab, der Bewohner der Hütte war gänzlich unbekannt. »Da ist der Wurm drin!« sah ich Wolfram an, der bestätigend mit dem Kopf nickte.

Ich war mir sicher, daß es ein Ort für gewisse rituelle Handlungen war, auf den wir da gestoßen waren - vielleicht auch durch die Regierung offiziell verbotene, das würde auch die Abgelegenheit des Platzes erklären. Beweise aber hatten wir keine.

»Afrikaans und Bantu-Dialekte müßte man kennen oder einen hervorragenden Dolmetscher haben.« sinnierte ich.

Und damit hatte sich die Sache...

Etoile – wir warten auf die Freunde

Unser Nachtlager

135

ÉTOILE

Eine Quelle, eine Handvoll rostbrauner Lehmhütten, einige Bananen- und Papaya-Bäume – Etoile; auf keiner Karte verzeichnet, für die Außenwelt unbekannt.

Wir sitzen unter dem ausladenden Palmdach einer kleinen Lehmhütte. André, ein Einheimischer, hat uns eingeladen, hier die Nacht zu verbringen. Er lebt in der Nebenhütte mit seiner Frau und seinen Kindern.

De Bevölkerung hier ist freundlich, viele bitten um Zigaretten, »Mangas«, wie sie auf afrikanisch heißen.

Es geht auf Abend, der Tag neigt sich seinem Ende zu. Wolfram, Peter, Ralf und ich sitzen auf braunen Holzstühlen. Wir haben unsere Stiefel ausgezogen, meine Socken hängen unter dem Dach.

»Das gibt heute noch einen hübschen Regen,« sage ich zu Peter. Wir stehen vor der Hütte und betrachten den Himmel. Graue Wolken ballen sich zusammen, Wind kommt auf, und es wird merklich kühler. Der Tropenregen, der alle zwei, drei Tage kommt, kündigt sich an. Ich frage Serge, – Andrés Sohn – ob wir vor der Hütte ein Feuer entzünden können, niemand hat etwas dagegen, und wir möchten die Licht- und Wärmequelle gerade anzünden, da geht es auch schon los. Über der großartigen Kulisse des tropischen Regenwaldes ziehen schwarze Wolken, immer schneller; die Baumriesen, die hoch über dem Dickicht in den Himmel ragen, biegen sich durch die Kraft des Windes, der Himmel färbt sich fahlgrau.

Schon fallen die ersten Tropfen, wir stellen unsere Rucksäcke unter das Dach, daß Serge noch mit einigen frischen Palmzweigen abdichtet. Der Regen beginnt. Regentropfen fallen erst vereinzelt, dann immer schneller auf den Boden, in kürzester Zeit prasselt der Regen auf die Erde. Große Pfützen bilden sich, es regnet und regnet.

Ein regelrechter Wolkenbruch ergießt sich über den Urwald. Der Wind nimmt zu, schlanke, hohe Bäume biegen sich bedrohlich, werden hin und her geschüttelt. Ein interessantes Naturschauspiel, wenn man unter einem dichten Dach sitzt, vor den Unbilden der Natur geschützt.

Ist man jedoch draußen, sieht man das Ganze anders. In kürzester Zeit ist man naß bis auf die Knochen, man friert, steht in Matsch und Dreck, verkriecht sich unter dem Poncho oder versucht sich unter großen Blättern zu retten. Was naß wird, bleibt naß und Trocknungsversuche im Urwald schlagen aufgrund der andauernden Luftfeuchtigkeit fehl. Die einzige Möglichkeit bietet die Mittagshitze, sofern man einen Platz findet, wo die Sonne ungehindert durch das grüne Dach fallen kann. Die Bekleidung am Körper ist ohnehin feucht.

Man steht morgens auf, nimmt die Bekleidung, die nachts als Kopfkissen-Ersatz diente vom Boden und schlüpft in ein feuchtes Hemd und in eine klamme Hose. Tagsüber schwitzt man wieder, abends streift man die immer noch feuchte Bekleidung ab und morgens beginnt der Kreislauf von neuem.

So bilden sich auch in kürzester Zeit interessante Gerüche, die man nach einiger Zeit selbst zwar nicht mehr wahrnimmt, andere Leute aber schon in einigem Abstand bemerken.

Aber schließlich kann man nicht täglich die Wäsche wechseln, und wer an derartigen Lapalien Gedanken verschwendet, ist meiner Meinung nach selbst schuld.

»Es regnet durch!« reißt mich Peter aus meinen Gedanken. Stimmt - hundertprozentig dicht ist das Stohdach nicht, also verteilen wir uns auf die trockenen Zonen.

Schließlich läßt der Regen nach und hört etwas später ganz auf; die Sonne versucht, durch die Wolkendecke durchzubrechen, es hellt sich auf.

Wir entzünden das Feuer vor der Hütte, ehe es dunkel wird und machen uns über das Abendessen: Brot und Fisch in Tomatensauce.

Die Dämmerung geht über in Dunkelheit, und schon fängt es wieder an zu tröpfeln. Bei diesen Regenfällen weiß man nie, wie lange der Wolkenbruch anhält. So kann es gießen wie aus Eimern, zwei Stunden später ist alles vorbei; die Sonne bricht hervor und strahlt mit ihrer ganzen Kraft vom wolkenlosen Himmel.

Oder aber es regnet eine Zeitlang, um dann wieder aufzuhören, der Himmel bleibt wolkenverhangen, und etwas später geht es wieder los; stundenlang, oft auch die ganze Nacht. Man weiß also nie, wie lange das Ganze dauert und kann nur abwarten.

Die Regenfälle in Zentralafrika in Äquatornähe sind gleichmäßig über das ganze Jahr verteilt, Regenzeiten gibt es nur im Norden oder Süden des Landes.

Wir beginnen uns im Schein unserer Stirnlampe in der Hütte einzurichten und suchen nach einem Platz zum Aufspannen des Moskitonetzes.

An einem Stützbalken im Inneren schaffe ich mit etwas Draht und einem langen Ast eine halbwegs brauchbare Konstruktion, um daran zwei Moskitonetze aufzuhängen – mein und Peters Schlafplatz. Isoliermatten haben wir keine, wir legen unsere Schlafsäcke auf die Erde. Die Rucksäcke stellen wir neben unsere Netze. Wolfram und Ralf haben sich für eine trockene Stelle unter dem Vordach entschieden und schlagen ihr Lager in einer Ecke auf. Nun ist nichts mehr zu tun, wir sitzen unter dem Vordach und lauschen auf den Regen, der gleichmäßig vom Dach auf die Erde tropft.

»Der Regen hört heute nicht mehr auf!« sagt Wolfram, dessen schwarze Konturen ich in einer Ecke erkennen kann.

»Hauptsache, morgen regnet es nicht,« meint nun auch Ralf, der auf seinem Stuhl sitzt und in den strömenden Regen blickt.

»Woran denkst du?« frage ich Peter, der neben mir sitzt. »An zuhause…« meint er. Ich sehe die Glut seiner Zigarette aufleuchten, sie wird heller, wenn er daran zieht.

Ich krame meine Plastikflasche mit verdünntem Rum aus meinem Rucksack, mache die Lampe aus und komme zu meinen Freunden zurück.

»Wie wär's mit einem Schlummertrunk?« frage ich in die Runde. »Genau das Richtige,« sagt Ralf und streckt schon die Hand aus. Der Rum sollte eigentlich abends in den Tee kommen, nur – der liegt gut verpackt in meinem Seesack. Und der steht im »Centre d'Accueil«. In Bangui…

EINER MUSS ZURÜCK

»Morgen früh muß ich nach Bangui zurück.« Wolfram hat mit Christine vereinbart, Anfang dieser Woche wieder in der Hauptstadt einzutreffen, um ihren Rückflug zu buchen.

»Für mich kannst du gleich mitbuchen – ich fliege hundertprozentig mit!« ruft Peter zu Wolfram, während er in seinem Rucksack kramt.

Ich habe mit Wolfram abgesprochen, daß einer von uns dreien mit ihm zurückfährt und das restliche Gepäck hierher holt; dann hätten wir unsere komplette Ausrüstung hier und sind unabhängig. Außerdem sind sie dann bei der Rückfahrt zu zweit, schließlich passieren sie die Militärkontrollen, und wir wissen nicht, was noch passiert.

»Zwei fahren nach Bangui,« schlage ich also vor, »Zwei bleiben hier.« Ich möchte auf jeden Fall hierbleiben, die Leute besser kennenlernen, Ausschau nach Pygmäenstämmen und einem Führer halten, vielleicht haben wir doch noch Glück.

Rückfahrer Nummer Eins ist klar: Wolfram. Erstens gehört ihm der Land Rover, und er kennt sich mit seinem Fahrzeug wirklich hervorragend aus, auch was eventuell anfallende Reparaturen unterwegs betrifft; außerdem wartet seine Familie auf ihn, und er muß die Flugbuchung in die Wege leiten.

Ich möchte hier die Stellung halten. Bleiben Peter und Ralf zur Auswahl.

»Wenn jeder einverstanden ist«, meine ich zu den Freunden, »schlage ich Ralf zur Rückfahrt vor: Er spricht gut Französisch, was bei eventuellen Kontrollen und bei der Flugbuchung ein großer Vorteil ist. Mir ist es egal, wer mit hier bleibt.«

»Wir könnten auch alle mit zurückfahren.« Peter sieht fragend in die Runde.

»Wie stellst du dir das vor, Peter?« sagt Wolfram. »Wir müssen das komplette Gepäck mitbringen, hinzu kommen Christine und Sebastian, das wird ziemlich eng im Fahrzeug.«

»Aber wenn wir dann irgendwann wieder zusammen mit euch zurückfahren, müssen wir ja doch alle irgendwie ins Fahrzeug…« kommt sein zögernder Einwand.

»Da muß es dann auch irgendwie gehen,« sage ich zu Peter gewandt. »Aber doch jetzt nicht, zwei Mann reichen doch vollkommen aus. Warum willst du das Ganze unnötig komplizieren?«

Ich werde das Gefühl nicht los, daß Peter unbedingt so schnell wie möglich nach Bangui will, um dort in Ruhe auf die nächste Maschine, die nach Europa fliegt, zu warten.

»Ich bleibe auch gern alleine hier!« sage ich deshalb zu den dreien, da ich gespannt bin, wie die endgültige Entscheidung ausfällt.

»Also ich bin einverstanden«, meint Ralf, »ich fahre mit Wolfram zurück.

»Gut, dann bleibe ich hier bei Wolfgang!« sagt Peter.

Na also.

Ich hocke an einer Lehmwand, Wolfram sitzt neben mir.

»Ralf, du kannst gleich mit für mich umbuchen!« sagt Peter nun zu unserem Partner.

Für ihn steht die Sache fest: Er fliegt zurück.

Ich habe die ganze Zeit gehofft, ihn umstimmen zu können, aber da ist nichts zu machen.

»Ralf, wie sieht's mit dir aus?« frage ich.

»Ich richte mich nach der Allgemeinheit, aber wir könnten auch mit zurückfliegen.«

Er ist sich offenbar auch nicht schlüssig, wie es nun weitergehen soll.

Ich zünde mir eine Zigarette an, und spaziere ein Stück auf der Piste, um nachzudenken:

Peter fliegt zurück, das ist so sicher wie das Amen in der Kirche; wir hatten ja schon öfters darüber diskutiert, und ich habe ihm des lieben Friedens willen zugestimmt und ihm gesagt, wenn nichts mehr geht, bin ich dabei. Die Situation aber hat sich ja nun seit längerer Zeit geändert, und ich bin der Meinung, daß bisher alles wunderbar läuft. Wie soll ich mich nun verhalten? Diplomatisch oder egoistisch? Wenn ich nun auf unseren Vertrag poche, wird alles nur noch schlimmer, darüber bin ich mir im Klaren. Und wenn ich mit umbuche, um Peter die nächste Zeit bei Laune zu halten? Zurückbuchen könnte ich dann immer noch, die Kosten hierfür würden sich bestimmt in Grenzen halten.

Ich komme zu keinem Ergebnis.

Kurze Zeit später unterhalte ich mich mit Wolfram.

»Nehmen wir an, Peter fliegt zurück. Der könnte ja dann später mit Christine und dir zur Hauptstadt fahren, ja?« sage ich zu ihm, und er nickt bestätigend mit dem Kopf.

»Wenn ich alleine oder zusammen mit Ralf hier bleibe, könnte ich mit einem Fahrer von SCAD-Holzwerk versuchen, nach M'Baiki zu gelangen und von dort aus weiter nach Bangui. Das wäre doch eine Möglichkeit. Laufen kann ich nicht, dafür habe ich dann zuviel Ausrüstung. Wenn ich allerdings allein unterwegs bin, und ich bekomme vom Militär die Filme abgenommen, sehe ich alt aus, ich kann niemanden verständigen,» spinne ich den Faden fort.

»Zweimal umbuchen ist bei der Fluggesellschaft kein Problem,« sagt Wolfram, während er neben mir herspaziert, »allerdings sind im Büro alles Afrikaner, du müßtest also vermutlich »Cadeaus« locker machen.«

Ich überlege hin und her.

Waldameisen bemächtigen sich einer Kokosnußschale

Wenn ich zusammen mit den Freunden den Flug vorziehe, wäre die spätere Stornierung kein Problem, da ja Wolfram und Christine später ohnehin wieder nach Bangui zurückmüssen – dort könnte man alles wieder rückgängig machen oder den Flug auf einen späteren Zeitpunkt verschieben; und momentan wäre alles zufrieden und beruhigt.

Noch ein Faktor kam im Laufe des Vormittags hinzu: Der ursprünglich geplante Rückflug findet vier Tage später statt, ich hatte das ganz vergessen, Peter war es, der mich darauf aufmerksam machte.

Somit käme Peter eine ganze Woche zu spät in seinen Betrieb und Ralf zu spät zum Studium, weshalb eine Vorverlegung ganz Recht wäre.

»Also paßt auf,« sagte ich dann später zu meinen Partnern, »Ralf bucht nun in Bangui für uns mit um, wir geben ihm unsere Tickets mit, das ist überhaupt kein Problem.«

Daß ich vorhabe, länger zu bleiben, verheimliche ich momentan. Bevor es sinnlose Debatten über irgendwelche Eventualitäten gibt, möchte ich erst einmal die nächsten Tage abwarten.

»Hoffentlich ist mein Geld gekommen,« meint Wolfram zu mir. Denn dessen Bargeldreserven sind mittlerweile so gut wie erschöpft, und er wartet auf eine Anweisung bei der Deutschen Botschaft. Christine wird sich schon Sorgen machen, denke ich, da Wolfram eigentlich schon heute zurück sein wollte.

Morgen nämlich ist der letzte Tag für ihre Flugbuchung. Ist er nicht rechtzeitig in Bangui, weil er von Militärkontrollen aufgehalten wird, ist die Sache gelaufen. Game over...

»Sprit haben wir auch fast keinen mehr, Ralf!« meint Wolfram gemütlich zu seinem Mitfahrer.

»Morgen früh werden wir sehen...« sagt Ralf und beschäftigt sich intensiv mit der Beobachtung von zwei spielenden Kindern.

Nun ist alles soweit geklärt, morgen in aller Frühe wollen die beiden nur mit dem Nötigsten losziehen.

ABSCHIED

»Aufwachen!« rufe ich leise zu Wolfram und Ralf, die auf der Erde in ihren Schlafsäcken liegen. »Ich hab' verpennt, es ist schon fünf Uhr dreißig!« Die beiden rappeln sich hoch und machen sich fertig. Die ganze Nacht hat es geregnet, auch jetzt noch. »Scheiß-Wetter!« meine ich, als sich Wolfram fröstelnd seine Jacke überzieht. Die Beiden lassen alles hier, was sie nicht unbedingt benötigen: Schlafsack, Fotoausrüstung, Rucksack. Nur Wasser nehmen sie mit.

»Also dann, macht's gut!« rufe ich ihnen leise nach, als sie im Regen verschwinden. »Tschüs!« tönte es aus der fahlen Dämmerung zurück. Ich lege mich wieder unter mein Moskitonetz, um noch etwas zu schlafen, bevor die Hitze der Sonne wiederkommt. Peter liegt neben mir in seinem Schlafsack; schläft er oder ist er auf?

Hoffentlich haben Sie mit Wolframs Umbuchung Glück und kommen durch die Militärkontrollen, denke ich. Hinwärts dürfte es ja keine Probleme geben – unser Gepäck ist schließlich hier. Auf der Rückfahrt allerdings haben sie unsere Weithalskanister und Seesäcke dabei; und die komplette Fotoausrüstung, hoffentlich geht das gut.

Ich falle wieder in einen Halbschlaf, langsam wird es hell. Kaum schlafe ich richtig ein, werde ich durch lautes in-die-Hände-Klatschen wach.

Auch Peter richtet sich unter seinem Netz auf.

Der Ruhestörer ist kein anderer als Serge, der uns das Frühstück bringt: Zitronentee mit Milchpulver und etwas zu essen.

»Donnerwetter!« lachte ich Peter an, »das ist Zimmer-Service, was?!« Mit meinen paar Brocken Französisch bedanke ich mich bei ihm, und schon sitzen wir halb angekleidet vor den beiden dampfenden Blechbechern.

»Hoffentlich schaffen sie es,« meint Peter zu mir. Er meint die Umbuchung.

Ich habe schwere Bedenken, die ich aber für mich behalte. Nacheinander schnappt sich jeder von uns eine Rolle Klopapier, und verschwindet für eine Zeit – der übliche Vormittagsspaziergang...

Später sitzen wir unter dem Strohdach und kümmern uns um den Punkt »Körperpflege«.

Peter kam darauf, als er meinte, man könne sich zur Abwechslung doch einmal wieder die Zähne putzen und sich das Gesicht waschen.

Angebracht wäre es, und ein Blick in meinen Metallspiegel verstärkt mich in meiner Meinung – wir sehen wirklich aus wie die Schweine.

»Hast du Flöhe?« fragt mich Peter, da ich mich momentan ausgiebig am Kopf kratze.

»Du hast es gut! Bei dir kommt langsam das Knie durch!« grinse ich in Anspielung auf seinen spärlichen Haarwuchs, bekomme aber sofort Revanche wegen meiner langen Haare präsentiert:

»Besser als auszusehen wie der Ersatz-Christus von Oberammergau!«

Peng – das hat gesessen! Eins zu eins.

Peter mit Rucksack und Kompass

Unser Camp

Abendessen

141

Nach einer Katzenwäsche sitzen wir wieder zusammen. Peter ist momentan bei guter Laune, auch ich bin zufrieden.

»Wenn die anderen mit dem Rover gut durch die Kontrollen kommen, und die ganze Ausrüstung herschaffen, haben wir gute Chancen, noch weiter in den Urwald und zu abgelegenen Pygmäenstämmen zu fahren,« sage ich vor mich hin und kaue auf einem Strohhalm.

»Und stell' dir vor, wir wären alle zurückgefahren: Wir hätten unsere Rucksäcke mitnehmen müssen, mit dem ganzen belichteten Filmmaterial; einmal durch die Militärkontrollen nach Norden und dann wieder zurück nach Süden. Zwei völlig unnötige Risiken, oder?!« frage ich meinen Partner.

»Und einer – in diesem Fall ich – hätte sowieso hier auf die Ausrüstung achten müssen, denn das Diamaterial wäre in jedem Fall hiergeblieben!« füge ich hinzu, während ich aufstehe und mich dehne.

»Da hast du Recht,« sinniert Peter und gähnt ausgiebig.

»Ich werde mal Tagebuch schreiben,« meine ich zu ihm und suche mir einen halbwegs vernünftigen Platz zum Arbeiten.

Während ich meine Eintragungen vornehme, mache ich mit allerlei Gedanken: Was uns jetzt noch fehlt, wäre eine Militärkontrolle, und zwar hier. Immerhin haben wir keine schriftliche Genehmigung zum hiesigen Aufenthalt. Quatsch! Wer soll hier vorbeikommen?

Peter hat eine Katzenfamilie entdeckt, die sich in einer Ecke unseres Raumes einquartiert hat; Frau Katzenmama ist recht scheu, Peter aber hat die zwei jungen Kätzchen sofort ins Herz geschlossen und spielt Ersatz-Mutter. Keine Mahlzeit, bei der er nicht eine angemessene Portion in die Hütte trägt und sich davon überzeugt, daß die Kleinen die Happen auch wirklich vertilgen.

Am frühen Nachmittag sitzen wir wieder zusammen, bis Serge kommt, und ich ihn frage, ob er nicht Lust hätte, mich in den Busch zu begleiten,

sich etwas umzusehen und einige Fotos zu machen. Der ist sofort dabei. Ich schätze ihn etwa 11 oder 12 Jahre alt, vielleicht auch ein wenig älter. Wir marschieren beide los, Peter achtet in der Zwischenzeit auf die Ausrüstung und – auf die Kätzchen.

Serge und ich kommen gut miteinander zurecht, sprachliche Barrieren werden mit Gesten aus der Welt geschafft. Wir laufen mal hierhin, mal dorthin, ich betrachte mir Pflanzen und Tiere, Serge – ganz Führer und Landeskenner – ist immer an meiner Seite.

»Wir haben eine Ananas mitgebracht!« sage ich zu Peter bei unserer Rückkehr und lasse mich in einen Holzstuhl fallen.

Kaum hatte ich mich hingesetzt, da kommt André, unser Gastgeber zu uns und lacht.

Strahlend hält er uns zwei »petite bière«, zwei kleine Flaschen Bier unter die Nase.

»Bier!« Peter stößt das Wort förmlich heraus.

Wir sind begeistert, zumal es auch noch gekühlt ist. Meine Frage nach der Bezahlung lehnt André rundweg ab: »Cadeau!« strahlt er uns an.

Genießerisch sitzen wir unter dem Palmdach und trinken in kleinen Schlücken.

»Wo hat er das nur aufgetrieben – bestimmt von SCAD, oder?« meine ich zu Peter.

»Bestimmt!« kommt dessen Antwort. Wir fangen wieder an zu flachsen: »Nun sitzen wir von unseren Kameraden abgeschnitten im zentralafrikanischen Urwald, kurz vor der Grenze zum Kongo, ohne eine Möglichkeit, mit irgendjemandem von der Außenwelt in Verbindung zu treten!« grinse ich Peter an.

»Und trinken Bier!« ergänzt dieser.

»Wann müßten die eigentlich wieder auftauchen? Heute nacht?« frage ich ihn.

»Vor abends werden sie es kaum schaffen, bestimmt wird's Mitternacht oder später... bekomme ich zur Antwort.

Wolfram rechnete sehr optimistisch und war der

142

Eine Luftwurzel wird abgehackt

Im ständig herrschenden Dämmer-licht des Dschungels

143

Meinung, daß er es durchaus bis abends oder nachts schaffen könnte; die Pisten nach Norden bis M'Baiki sind nicht schlecht. Danach kommt wieder eine asphaltierte Strecke bis zur Hauptstadt. Ich bin skeptisch, erst einmal abwarten...

BUSCHAUSFLUG

Blätter – Äste – Lianen. Lianen – Äste – Blätter.
Wir marschieren durch den Urwald.
Peter, Serge und ich.
Diesmal haben wir wirklich nichts dabei: Kein Wasser, kein Survival-Kit, keine Vepflegung, keine Machete.
Nur Peter hat sein Stiefelmesser im Hosenbund.
Wir marschieren südwestlich. Auf einem kleinen, kaum als solcher erkennbaren Fußpfad.
»Und hier sollen wir etwas zu Essen auftreiben?« schüttle ich ungläubig den Kopf.
»Ich bin gespannt...« meint Peter zu mir.
Serge, der die Rolle des Führers übernommen hat, schlägt ein rasches Tempo an.
Vor einer halben Stunde hatte ich Serge gefragt, ob man in irgendeinem Urwald-Dorf etwas Nahrung kaufen könne.
»Oui!« meinte er zu mir und deutet in den Wald.
Nun sind wir unterwegs. Anfangs auf einem breiten Pfad, jetzt auf einem sich fortwährend ändernden, kurvenreichen, nur fußbreiten Weg, den die Eingeborenen angelegt haben. In diesem Gebiet fehlen die Baumriesen völlig.
Auch hier gibt es große Bäume, Palmen, riesige Farne und metergroße Stauden. Trotzdem aber kann die Sonne mit ihren Strahlen relativ ungehindert eindringen.
Der Artenreichtum ist ungeheuer vielfältig. Fast alle Pflanzen haben eine unwahrscheinlich satte, dunkelgrüne Farbe. Überall summt und raschelt es, jeder Quadratzentimeter Boden ist von Pflanzen der verschiedensten Spezies bedeckt.

»Wahnsinn! Man kommt sich vor wie ein Käfer im Gras!« sage ich zu Peter. Überall Ranken, Luftwurzeln, Lianen und Palmen. Ein Mauerwerk aus ganzjährigem Grün – bunt, leuchtend und vielfältig.
Ohne den sonst behindernden Rucksack kommt man relativ schnell voran. Schnell, das heißt dem Klima entsprechend, unter Berücksichtigung der Luftfeuchtigkeit, der Schwüle, der stickigen Luft – und der Sonne.
Ich bereue es jetzt, ohne Wasser aufgebrochen zu sein, aber sagte Serge nicht etwas von zwei Kilometern?
»Das ist alles, bloß keine zwei Kilometer!« brummt Peter, und wir marschieren verbissen vorwärts.
Und er hat verdammt Recht.
Peter ist knallrot im Gesicht, auf seiner Stirn perlt der Schweiß; meine Haare kleben am Kopf, in den Augen brennt das Salz.
»Urwald pur!« lache ich ihn müde an, und er grinst zurück.
Wir laufen den Pfad voran, immer über Wurzeln und umgestürzte Äste steigend. Einmal müssen wir um einen verfaulenden Baum herum, dann wieder müssen wir uns bücken, um durch einen engen Pflanzenvorhang zu tauchen.
Endlich kommen wir in den Schatten. Die Urwaldriesen tauchen wieder vor uns auf, der Weg führt zu zwei armseligen Hütten. Serge bedeutet uns, die Leute zu grüßen, was wir ohnehin gemacht hätten. Händeschütteln, freundliches Lachen, wir heben die Hand, es geht weiter. Auf einem breiten Weg, der beiderseits von hohen Bäumen flankiert ist, marschieren wir vorwärts.
Um ganz ehrlich zu sein: Hier verliere ich den Stolz auf meinen Orientierungs-Sinn. Die Sonne sieht man nicht mehr, nur ihre Strahlen dringen vereinzelt durch das Blätterwerk.
Ohne Kompaß traue ich mir nicht einmal eine vage Richtungsangabe zu, geschweige denn eine halbwegs präzise Aussage.

Kochaktion

145

Über den Feuchtigkeitsgehalt unserer Bekleidung verlieren wir ohnehin schon lange kein Wort mehr – man hat sich einfach daran gewöhnt, ständig feucht oder durchgeschwitzt zu sein.

Erst jetzt, wo ich diese Zeilen an meinem Schreibtisch niederschreibe, kommen mir diese afrikanischen Alltäglichkeiten wieder ins Bewußtsein.

Durch die ständige Schweißabgabe bin ich am Gesäß wund, der »Wolf« hat wieder zugeschlagen. Aber die Natur ist gerecht: Dafür hat Peter mehrere Blasen an den Füßen. Hatte ich anfangs tagelang Verstopfung, durfte sich Peter mit Durchfall durch's Leben schlagen...

»Çava!?« freundlich lächelnd kommt uns ein wahrer Hüne den Weg entgegen. »Çava bien!« antworten wir und tauschen einen Händedruck aus.

Je tiefer man in abgelegenen Gebiete kommt, desto kontaktfreudiger sind die Menschen. Alle Entgegenkommenden grüßen, wir schütteln Hände, Serge macht gestenreichen Erklärungen.

Oft werden wir regelrecht angestarrt - nicht bösartig, nein, neugierig. »Ist ja auch kein Wunder,« meint Peter, »wer kommt sonst schon hierher? Oder hast du den Pfad, geschweige denn die Hütten – er deutet nach vorne – »auf deiner schlauen Detailkarte?« Nein - habe ich nicht. Und dabei sind die Karten angeblich die präzisesten auf dem Markt...

Dreimal bereits standen wir vor Rundhütten oder Langhäusern, um nach Nahrung Ausschau zu halten - nichts.

Immer fragte Serge die Eingeborenen in ihrem Dialekt nach irgendwelchen Dingen und winkte uns jedesmal, weiterzugehen.

Nun haben wir offenbar Glück: Der Weg verbreitert sich zu einer richtigen Piste. Rechts und links davon liegen Behausungen, direkt am Waldrand; Vor einigen Hütten stehen Schüsseln mit schwarz gebratenen Hunden. Eine große, früher in mühsamer Arbeit gerodete Fläche, flankiert von Langhäusern aus Lehm und Holz.

Die Ausstrahlung von dieser Ansammlung ist grandios.

Wenn jetzt ein Trupp argentinischer Gauchos auf uns zureiten würde, ich wäre nicht überrascht.

»Und keinen Fotoapparat dabei...« sage ich leise zu Peter, als wir mitten auf der Piste aus rotbraunem Lehm in das Dorf gehen. Wir wenden uns, von Serge angeführt, nach rechts.

»Ein Laden!« stößt Peter hervor.

Vielleicht knappe zwei Quadratmeter groß ist eine aus rohen Brettern selbstgezimmerte, nach außen schwenkbare Doppeltür in Brusthöhe.

Das Warenangebot ist schnell aufgezählt: Etliche Grundnahrungsmittel, einige bunte, vergilbte Kleidchen, Konservendosen; Zigaretten, etwas Kleinkram.

Ich deute auf einige Dosen und verlange auf Französisch drei Stück, Serge wiederholt meine Bitte im einheimischen Dialekt, voilà - drei kleine rote Konservendosen wandern über den vor Dreck erstarrten Tresen.

»Das darf doch nicht wahr sein!« ruft Peter und dreht eine Dose zwischen den Fingern. »Fisch in Tomatensoße - made in China!«

Langsam haben wir von Fisch die Schnauze voll - aber: Wir haben unser Abendessen.

Ich bedeute dem Inhaber, ob er uns vielleicht Wasser zu trinken geben könne. Schon kommt eine rundliche, kohlschwarze Dame und bietet uns aus einer verbeulten Schüssel Wasser an.

»Wer weiß, was da drin ist?!« meint Peter zu mir. »Mir scheißegal!« meine ich in freundlichem Tonfall, nicke der Spenderin dankend zu und trinke, trinke, trinke.

Auch Peter trinkt, wir zahlen und marschieren zurück. Wieder Lachen, Händeschütteln bei den Entgegenkommenden. Einige der Einheimischen haben eine Hautkrankheit an den Händen und Fingern, ein oft sich etwas schleimig anfühlendes Sekret, was uns aber nicht vom freundlichen Händeschütteln abhält.

Jeder dieser Menschen würde uns Wasser geben oder uns sogar verpflegen, soll man deshalb vielleicht ein absolut unangebrachtes Ekelgefühl an den Tag legen?

Wir laufen wieder durch das grüne Dickicht, Serge wird immer schneller - offenbar möchte er vor Einbruch der Dunkelheit wieder bei den Lehmhütten sein.

Flott geht es voran, und kaum sind wir wieder zurück, geht die Dämmerung in die Dunkelheit über. Andrés Frau hat für uns mit Reis gekocht, über den wir unseren Konserveninhalt gießen.

Alles sitzt im Freien, lacht und schwatzt munter drauf los - die Geräusche des Waldes nehmen zu, das zirpen, fiepen und Keckern im Urwald nimmt einen gefangen.

Frösche quaken, Affen schreien und trotz dieser für uns nicht alltäglichen Geräusche geht von ihnen fast eine Beruhigung aus, es gehört einfach dazu.

Wenn ich wieder zu Hause bin, wird mir das fehlen, denke ich und ich sollte mich nicht getäuscht haben...

WIEDER VEREINT

»21 Uhr!« Peter sieht auf seine Armbanduhr. »Die kommen heute nicht mehr!« meine ich halblaut. Wir warten auf Wolfram und Christine, Sebastian und Ralf.

»Es wird bestimmt Mitternacht oder noch später. Sie brauchen nur durch eine Autopanne aufgehalten worden sein,« sage ich. »Oder von einer Militärkontrolle festgenommen...« ergänzt Peter. »Dann sitzen wir auf ewig her fest!«

»Denk' lieber mal an das Risiko, das sie auf sich nehmen!« meine ich zu ihm. »Uns kann doch hier nicht allzuviel passieren, oder? Überleg' dir lieber, was wir tun, wenn sie nicht kommen.« Ich sehe in der Dunkelheit zu ihm hinüber.

»Ich bin der Meinung,« sage ich und strecke meine nackten Füße aus, »wir marschieren dann los. Und zwar nach SCAD. Die Rucksäcke nehmen wir mit, Serge geben wir ein Cadeau, damit er auf das restliche Gepäck aufpaßt und wir schlagen uns durch bis hier zur Hauptstadt. Sollten wir uns unterwegs verfehlen, lassen wir für diesen Fall eine Nachricht zurück - und zwar eine bei Serge, einen Brief in Wolframs Patronengurt.«

»Und alles Wichtige an Ausrüstung nehmen wir mit!« ergänzt Peter.

»Genau! Und jetzt gehe ich Schlafen!« sage ich zu meinem Freund und schalte meine Stirnlampe an.

»Kommst du mit?« frage ich über die Schulter.

»Nee, ich warte noch. Kann ja doch sein, daß sie noch kommen...«

Das klingt nicht sehr überzeugend, und ich mache mich daran, mein Lager zu richten.

»Sieh' dir den an!« ruft es plötzlich von draußen.

»Ein Frosch, und was für einer!« ich stehe auf und gehe die anderthalb Meter zum Eingang.

Peter leuchtet an eine Wand der Hütte. Ein großer Frosch mit braungrüner Tarnzeichnung sitzt abwartend in der Ecke.

»Der sieht tatsächlich aus, wie die hiesigen Jungs in ihren Tarnanzügen!« meine ich lachend.

»Fehlt nur noch das rote Barett!« sagt Peter.

»Stell' dir vor, der hüpft dir nachts ins Gesicht!« Peter schüttelt sich. »Der muß weg!« beschließt er kategorisch und sucht einen Stab, um das Tier damit in die freie Wildbahn zu manövrieren.

»Viel Spaß.« Ich gähne und mache mich daran, mein Moskitonetz aufzusuchen, da ertönt ein Schrei: »Er greift mich an!« Das darf doch wohl nicht wahr sein, denke ich und gehe wieder nach draußen. Der Frosch sitzt verängstigt in einer Ecke, Peter steht davor, seinen Stock in der Hand.

»Ob du's glaubst oder nicht, der ging auf mich los!«

»Ist doch logisch, wenn du ihn in die Ecke drängst - wo soll er sonst hin? Davonfliegen?« grinse ich ihn an.

»Meinst du, der ist giftig?« kommt Peters Gegenfrage.

»Keine Ahnung, aber meist signalisieren auffällige Körperfarben eines Tieres schon gewisse Giftstoffe. Was für den Menschen aber noch lange nichts zu sagen haben muß – es kommt auf einen Versuch an...«

Die Situation amüsiert mich köstlich:

Da stehe mein Reisepartner, der mit mir im Wildwasser trainierte, bei eisigen Temperaturen im Schnee biwakierte und mit vollbepacktem Rucksack Nachtmärsche unternahm einem Frosch gegenüber – Auge in Auge. Nicht zu fassen!

Nach langem Hin und Her jedoch kann Peter die Situation für sich entscheiden – der Frosch zieht den freien Sternenhimmel vor, und es kehrt Ruhe ein.

Immer noch herrscht eine Bruthitze. Ich liege auf meinem Schlafsack und benötige eine geraume Zeit, bis ich endlich einschlafe. Ich wache öfters auf und sehe auf meine Uhr: Mitternacht, kurz vor zwei Uhr morgens, halb vier – kein Land Rover in Sicht. Irgendwann krabbelt mir eine große Kakerlake über das Gesicht. Erschrocken fahre ich hoch und wische das Insekt fort. »Pfui Teufel!« murmle ich im Halbschlaf, und Peter grinst über das ganze Gesicht.

Um halb Sieben stehe ich auf, Peter kommt kurze Zeit später aus der Hütte, stoppelbärtig und gähnend.

Verschlagen hocken wir unter dem Palmdach und betrachten das Wetter.

»Wann gehen wir los?« gähnt mich Peter an.

»Wenn sie bis abends nicht kommen, marschiere ich nach SCAD; von dort aus per Lkwstop nach Bangui.«

»Einverstanden – ich komme mit!« meint Peter. Wenn wir ewig hier warten, erfahren wir nicht, was mit Wolfram & Crew geschehen ist, und nachts läuft es sich angenehmer als in der Hitze des Tages. Kurze Zeit später kommen zwei Bantu zur Hütte.

Ihre Utensilien: eine große Kalebasse und eine alte Konservendose. Die beiden strahlen über das ganze Gesicht und scheinen ausgesprochen fröhlich zu sein. Der Grund dafür wird uns klar, als beide eine kokosmilchfarbene Flüssigkeit in die Dose kippen und uns auffordern, doch einmal zu kosten: Palmwein.

Für knapp 70 Pfennig erstehen wir fast einen ganzen Liter des Getränkes.

»Sieht etwas seltsam aus, das Zeug!« Peter sieht in unsere Feldflaschenbecher. In der milchigen Flüssigkeit schwimmen Holz- und Fruchtstücke und da der Gärprozeß noch nicht beendet ist, bilden sich auf der Oberfläche speichelähnliche Häufchen.

Der Geschmack ist eigenartig, ein säuerliches Aroma, der deutschen Stachelbeere nicht unähnlich.

»Los, wir filtern den Wein durch meinen Waschlappen!« sagt Peter und geht auch schon los, um ihn zu holen.

Die Filterei hätte wir uns sparen können, logischerweise ist der Erfolg gleich Null.

Langsam geht mir die Warterei auf die Nerven; entweder die anderen kommen bis heute nachmittag, oder wir marschieren los, momentan aber können wir ohnehin nichts unternehmen.

Der Vormittag vergeht mit Diskussionen, Tagebuch schreiben und Palmweintrinken, wir hängen mehr oder weniger lustlos herum. Insgeheim hoffe ich, daß unsere Umbuchung nicht geklappt hat, dann bin ich diese Sorge los, und wir müssen zwangsweise hierbleiben.

Immer wenn wir ein Fahrzeug hören, sehen wir auf und lauschen auf das typische Land Rover-Geräusch. – Nichts. Meist handelt es sich um die großen, gelben SCAD-Lkw's, die schwer beladen mit riesigen Baumstämmen nach Norden fahren.

Gegen Mittag beschließen wir, uns unter unsere Moskito-Netze zu verziehen. Kaum dösen wir vor uns hin, hören wir ein bekanntes Motoren-Geräusch. Beinahe gleichzeitig springen wir auf und stürzen nach draußen.

Tatsächlich: Wolfram, Christine, Ralf und Sebastian sind zurück.

Wir setzen uns alle unter das Vordach der Hütte. Nun wird erzählt.

Bei Wolfram ging alles glatt, ohne Beanstandungen sind sie durch sämtliche Militärkontrollen gekommen. Warum sie erst heute kommen, wollen Peter und ich natürlich wissen. Es gab einige Probleme mit dem Bargeld bei der Botschaft aber schließlich hätte trotzdem noch alles geklappt, wird uns erzählt. Auch die Flugbuchungen wären reibungslos über die Bühne gegangen. Wenn man davon absieht, daß unsere Umbuchungen knappe 200 Mark kosteten ...

»Na Bravo!« stöhnte ich vor mich hin, aber Peter strahlt über das ganze Gesicht.

Immerhin haben wir unsere komplette Ausrüstung hier, denke ich. Nun haben wir mit einigen Abstrichen fast alles erreicht: Wir waren im Urwald, haben eingeborene Bantu und seßhafte Pygmäen getroffen, haben eindrucksvolle Erlebnisse gesammelt. Alles ging bisher glatt: keine eingefangene Tropenkrankheit, keine Schlangenbisse, keine Überfälle oder Übergriffe.

Wir könnten zufrieden sein, hätten wir auch charakteristische Pygmäenlager im Urwald aufsuchen können; Pygmäen, die sich noch wie ihre Vorfahren vom Sammeln und Jagen ernähren.

Das Unternehmen nämlich bestand aus zwei Abschnitten:

Teil eins: der Urwald; Punkt zwei: die Pygmäen.

Den ersten Punkt haben wir nun abgeschlossen, unser zweites Ziel haben wir bisher nicht erreicht.

Ich stehe in der schwülen Hitze und lausche dem Zirpen der Grillen, nehme einen Schluck Wasser aus dem kleinen Kanister und sehe zu den grünen Urwaldriesen empor.

Peter ist glücklich wegen der geklappten Umbuchung, ich mache mir Gedanken, wie es nun weitergehen soll.

Denn noch haben wir Zeit.

Und stornieren kann ich meinen Flug immer noch.

Freilich haben wir Pygmäen in Langhütten am Rande der Wege und Pisten entdeckt.

Aber die typischen Palmhütten der Pygmäenlager sind noch tiefer im Urwald, dessen bin ich mir sicher.

Vielleicht finden wir sie noch, die afrikanischen Zwergmenschen.

Und wenn nicht, dann haben wir es zumindest versucht.

Ebenso, wie wir noch in den tropischen Regenwald kamen, der großartigen grünen Kulisse Zentralafrikas.

Und die auch irgendwann einmal zum Großteil gerodet sein wird.

Abgeholzt.

Wie die sterbenden Wälder Europas ...

149

DANK

Ohne die Hilfe von Freunden und Bekannten, von Herstellern und Firmen wäre dieses Unternehmen wesentlich schwerer zu realisieren gewesen oder hätte nicht durchgeführt werden können.
Ich möchte mich daher auf diesem Wege noch einmal ganz herzlich bei denjenigen bedanken, die mich in irgendeiner Weise bei der Planung, der Ausrüstung und Durchführung der Tour unterstützt haben.

Folgende Firmen sowie ihren Mitarbeitern:

Ajungilak
Herrn Bartholdi für Ausrüstung und Sonderrabatte

Böker
Herrn Felix Dalichow
für das erste serienmäßige Titan-Klappmesser zum Test

Fjallräven
Frau Stummer-Schwegmann, Rosi Graßl und Gerhard Seitz für Ausrüstung und Bekleidung

Foto-Schwarzenbach
Herrn Harald Dietz für die fototechnische Beratung

Heka (Lowe, Patagonia)
Herrn Herbert Karasek, Herrn Proquitté für Ausrüstung, Fototaschen und Bekleidung

Herbertz
für Ausrüstung

Isar-Foto
Herrn Horst Bothe für seine filmtechnischen Tips

Manan (Merck)
Herrn Fuhrmann für Mineral-Drinks und Konzentrate

Meindl
Frau Staudinger für die Safari-Stiefel

Nordisk Freizeit (Caravan)
Herrn Gunnar Molander für Ausrüstung

Oettler
Herrn Oettler und speziell Herrn Leopold Sobeck für ihre Arbeit und die geeigneten Uhren

Reiseladen
Irene Keil für ihre zusätzlichen Infos

Salewa
Herrn Helmut Jäger, Helga Empl und Peter Hartl für Ausrüstung und Bekleidung

Seiko (Hattori)
Herr G. Behr für die zur Verfügung gestellten Uhren

Simpert Reiter
Herrn Dr. Rüngeler für die dehydrierte Spezialnahrung und Konzentrate

Vaude
Herrn Elmar Bereuther für Ausrüstung und Zubehör

150

Für Ihre Mühe und Beratung

Herrn Professor Dr. Thiel
vom Völkerkunde-Museum in Frankfurt für seine Beratung und seine wertvollen Tips.

Frau Dr. med. Jahn-Luber
für ihre Beratung und die exakte Beantwortung unserer Fragen

Herrn Dr. med. Peter Hauch
für kostenlose Medikamente

Vielen Dank auch

Ernst Uhl
für seine Hilfe und sein Verständnis, sowie für die Unterstützung im Geschäft während meiner Abwesenheit

Gabriele Uhl
für Ihre Hilfe während der Vorbereitungs-Phase und meiner Abwesenheit

Karin Herbrig und Norbert Frinzel
für die wirklich zuverlässige Geschäftsvertretung

Manfred Möckel
für die Gestaltung und Produktion unserer Aufkleber und seine Hilfe bei der Einband-Gestaltung

Frank Quack, Jürgen Pudel und Michael Jung
für Ihre Hilfe in der Organisationsphase, für Besorgungen und Erledigungen

Christian Finck
für die Bereitstellung seines Busses

sowie

Karin & Reinhard Caliebe, Angelika »Geli« Herthe, Amely Weiß, Irmgard Kolbeck, Stefan Pastor, Petra Siebenhaar, Günter Trapper, Barbara Finck, Gabriele Emtmann, Sven Schumann, Stephan Böhm, Oliver »Olle« Pscherer, Rolf Priedemann, Elke Mohr

Für ihre Hilfe und Freundschaft unterwegs bedanke ich mich bei

Wolfram Bartolomé, ohne dessen Hilfe die Tour in dieser Form nicht hätte durchgeführt werden können,

Christine, Sebastian, Thomas, Jean-Michel, Boi, Serge, Angé, Moy, Brigitte, Richard und Josef

und natürlich bei allen andern, die uns in irgendeiner Art und Weise geholfen haben.

Wolfgang Uhl

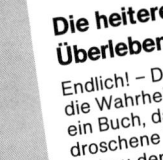

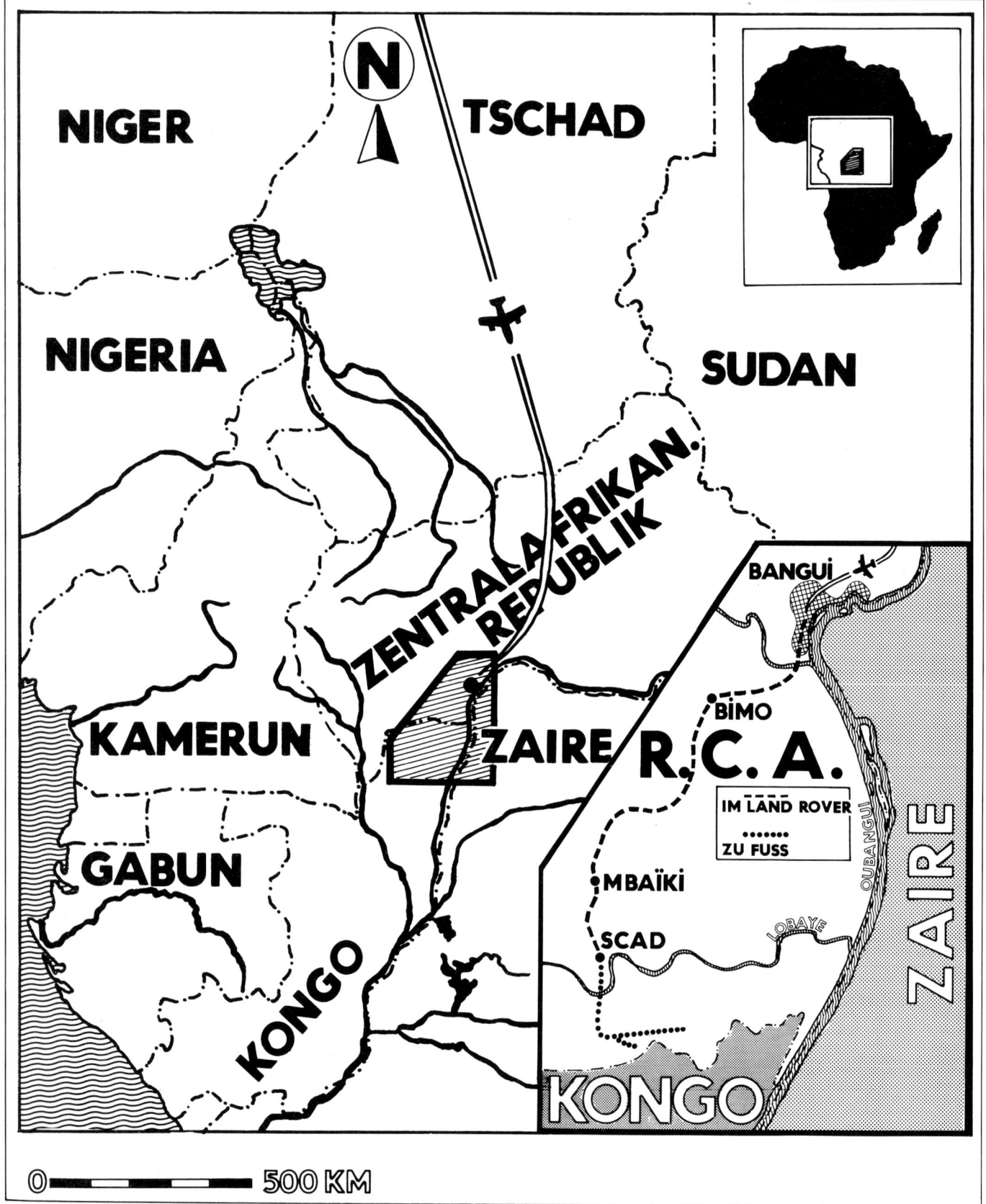